JN325422

高校で教える
ネイティブたちの英語
学校で生きた英語を身につけるために

渡辺晶夫

大学教育出版

はじめに

高等学校の英作文の授業で、次のような文に出会ったことがあった。

It has passed three years since you came to Japan.＊… ①

①のような文を非文だと明快に言う人は多い。しかし、そのあとに、「と、ALT も言っていたよ」と付け加えることができる人は少ない。

ALT とは、学校現場で活躍する外国人言語指導助手のことである。ほとんどの人は英語を教えている。私は、長らく高等学校で英作文を指導していて思うことがある。生徒が書いた英語が、実際に英語として受け入れられるのか、受け入れられないのかを判断するとき、少しでも心にひっかかるものがあれば、迷わず、ALT の意見を求めるべきだ、ということである。彼らがもたらしてくれる情報量は、驚くほどに多いものである。中には、彼らにしかわからないと思われるようなニュアンスを含む貴重な情報を伝えてくれることもある。次の例はどうだろうか。

For them, in Singapore, it is difficult to enter college.… ②

ALT のネイサン・ストラスディンズ氏によると、言うまでもなく、次の文が「シンガポールでは大学に入ることは難しい」という一般論を表している。

In Singapore, it is difficult for them to enter college.… ③

しかし、②は非文ではない。彼によると、②における、"them"は、「大学入学を困難にさせる何らかの理由を抱えたある特定の人々」を想起させる。例えば、身体に何らかの障害を抱えた人々などが考えられる、という。したがって、この"for them"は、紛れもなく、「彼らにとっては」という意味である。そしてこのことは、ニュアンスこそ違うものの、"It is 〜 for 人 to do 〜"の形式からはずれる、"For 人, it is 〜 to do 〜"の形が現実に存在することを意味する。

　別のALTは、"It is 〜 for 人 to do 〜"という強固な形式において、"for 人"の部分は文頭や文の後ろに置いてはいけないと明言する。多くのALTもそのように言ってくれると私は思う。しかし、③のような文と出会い、それについてのALTの以上のような意見に接するとき、私には、"It is 〜 for 人 to do 〜"と同じくらいによく知られた他の英語の基本的な形式においても、それを絶対視することを許さないような例が見いだせるのではないかという気がするのである。

　次の例も私には新鮮であった。

　　It is difficult to pass the test of university.……………… ④

　③は、ある生徒が作った英文に私が少し手を加えた文である。もう少し厳密に言うと、誤って手を加えた文である。その生徒は、"of university"の部分は書いていなかった。"the test of university"とは、"university entrance tests"を意味すると私は考えていた。私は、英作文の指導をするとき、できるだけ、生徒が書いた文を活かしたいと考えており、このケースについても、その考え方に基づいて添削をしたのだが、これが仇となった。

　ストラスディンズ氏によると、"the test of university"とは、「大学という人生における試練」という意味である。"the test of marriage"や"the test of friendship"も同様の意味を表すという。何気なく、添削した英語が、一転して日常会話から少し離れた奥深い意味を表してしまう。そのような英語の怖さをあらためて思い知らされた例であった。もちろん、このことは、はしなくも私の勉強不足を表すものであったが。

以上のようなことの実践が、本書の表題に掲げたことの意味するところであると私は考えている。ただし、途方もなく遠大な目的を掲げたこの小さな書物は、現在英語学習者が学んでいる多くの辞書を否定するためのものではなく、まして学校英文法を英語教育から排除してしまおうという意図に基づいて書いたものではさらにない。実際私がALTにさまざまな英語についての質問し答えを得るという貴重な経験を繰り返す中でわかったことなのだが、彼らのコメントは、ほとんどの場合一般の辞書に書かれてあることや伝統的な学校英文法で説かれている事柄とぴたりと一致するのである。だから、ALTの意見はどうしても辞書や学校英文法がカバーできなかったごくわずかな隙間を埋める役目を果たし得るに過ぎないのである。ただし、その隙間を埋めることは思いの他時間と労力の要る作業であることが今回の試みによってわかったことであることも事実である。

　「自分の辞書を作れ」とは、私の恩師、成田義光先生（大阪大学教授・当時）がよく学生たちにおっしゃっていた言葉である。私は、当時その言葉の意味を必ずしも正確に理解していたわけではなかったが、長らく高等学校で英作文を教えている間に、その言葉の意味の一端を、私はこのようなかたちで理解した。私自身がこの言葉の正しい意味を、少しなりとも自分の経験に基づいて理解できたと自信を持って言うことができるということに対するささやかな喜びと先生への大いなる感謝の気持ちをこの場をお借りして表せていただく。

　また、本書で使用する例文の多くは、英作文の授業などで実際に生徒たちが書いたり話したりしたものである。私の拙い授業を熱心に聞き、かつ多くの学習と研究のきっかけを与えてくれた奈良県立平城高等学校、奈良県立城内高等学校、そして奈良県立添上高等学校の生徒たちに深く感謝の意を表したい。そして、私の度重なる質問に時に辟易しながらも親切・丁寧に答えてくださった多くのALTの皆さんに深い感謝の意を表せていただきたい。

2007年11月

著　者

高校で教えるネイティブたちの英語
―学校で生きた英語を身につけるために―

目　次

はじめに ……………………………………………………………… 1
本書の構成 …………………………………………………………… 11

PART 1　英作文編 …………………………………………………… 13

1　"I want (wish) to have a family." と "I want (wish) to have a warm family." のニュアンスの違い（目的語）　13
2　"can" のニュアンス（助動詞）　14
3　ある日の "would"（助動詞）　15
4　仮定法 "would" の場合（仮定法・助動詞）　16
5　"He is the bravest person that has ever lived." の "that" は関係代名詞ではない！— "equation" の概念とともに —（比較・関係代名詞・不定詞形容詞的用法・小数につく名詞の複数および "equation" という考え方）　18
6　"stop 〜 ing" と "stop to do"（動名詞・不定詞）　27
7　"a bird singing" と "a singing bird"（分詞）　28
8　"a beautiful mountain to attract many tourists" の限界（不定詞形容詞的用法）　29
9　"the few players to play well" における "to play" は ALT の感覚において "players" に「かかって」いるか？（不定詞形容詞的用法）　31
10　"limitations to do" は可能か（不定詞形容詞的用法）　32
11　"a city that I have never visited" と "the city that I have never visited"（定冠詞・不定冠詞）　35
12　"A student whose name is 〜" と "The student whose name is 〜" の違い（定冠詞・不定冠詞）　36
13　"so 〜 that 構文"、"so 〜 as to 〜"、"enough to 〜" の違いについて（"so 〜 that 構文"・不定詞）　37

"whatever") 70
30 同格の"that"が接続する名詞（同格の"that"とそれを従える名詞） 71
31 "We have only three minutes before the test begins." を "There are only three minutes before the test begins." と書き換えられるか？（"there is (are) 〜"＝"we have 〜"の限界） 73
32 "I think that I want to do 〜"（私は〜したいと思う）は非文ではない（I think that S＋V 〜） 74
33 "don't happen to do 〜" と "happen not to do 〜" の違い（動詞句のニュアンス） 75
34 「〜したことがかえって……となる」の「かえって」の英訳は、"do injustice to 〜"（動詞句のニュアンス） 77
35 使役動詞 "make"、"have"、"cause"、"get" のニュアンス（使役動詞のニュアンス） 78
36 「スポーツをする」の「する」は "do" でよいか？（「名詞」＋する」の英訳の難しさ） 80
37 "One year ago I was a student who had just become a second grader." において "become" を "been" に置き換えたときのニュアンス（be 動詞「なる」） 82
38 "acquaintance" のニュアンス（名詞のニュアンス） 83
39 "co-operate" のニュアンス（動詞のニュアンス） 84
40 "optimistic" と "positive" のニュアンス（形容詞のニュアンス） 85
41 "probably" は「95％」の自信が必要！（副詞・probably のニュアンス） 86
42 "The mass of the moon is one-eighth as heavy as that of the earth." は非文か？（形容詞の使い方） 86
43 "I make a bow deeply." は非文か？（形容詞、副詞の難しさ） 89
44 "likely" について（形容詞） 90
45 偶然お店が閉まっていた！　そのことは "unlucky" だと言えるか？（形容詞

14 "too difficult to 〜" と "very difficult to 〜"（"too 〜 to" 構文）　40

15 There is no explanation for tastes.（人の趣味は説明できない―諺―）とは言えるか？（動名詞）　43

16 "They start school in April in Japan." の意味（代名詞）　44

17 「シンガポールでは大学に入ることは難しい」の英訳において「大学」につけるべき冠詞（冠詞・複数）　46

18 "in loud voices" とは言えるのだろうか？（イディオム・複数）　47

19 「時代から取り残される」は、"be left behind the era" と言えるか？（イディオム）　48

20 「健康を失う」の英訳は、"lose one's health" のみか？（"It is not until 〜 that ……構文）　49

21 "The more you read this book, the less you understand it." は非文か？（比較・"the 比較級〜、the 比較級〜" 構文および形容詞・副詞 "much" の難しさ）　50

22 "I want to read a book as much as possible." および "Don't speak Japanese as much as possible." は非文か？（"as much as possible" と "as little as possible"）　53

23 分詞構文の「公式」に従う例と従わない例から垣間見えること（分詞構文）　55

24 動名詞の意味上の主語の再確認（動名詞の意味上の主語）　62

25 接続詞 "as"、"because"、"since" および "for"（理由の接続詞）　63

26 "Did you 〜?" と "Have you 〜?" の違い（過去と現在完了）　64

27 "The days are getting longer." と "The days have been longer." の違い（現在進行形と現在完了）　65

28 "where＝in which" はすべての場合に成立するのだろうか？（関係代名詞・関係副詞）　66

29 "whatever he may say 〜," と "whatever he says 〜," の違い（接続詞の

　　　　"unlucky"）　*92*

46　「父は母と同じくらいよく台所に立つ」の「同じくらいよく」に"as same times as"―台所は2つ必要⁉（形容詞"same"）　*94*

47　「〜と同じようにする」は"be the same as〜"で良い（形容詞"same"）　*95*

48　"all"のニュアンス・その1（形容詞"all"）　*95*

49　"all"のニュアンス・その2（形容詞"all"）　*97*

50　"few"と"a few"の違いについて（形容詞）　*97*

51　"be made of〜"の能動態は、"make… of〜"ではない（前置詞）　*99*

52　"the poop of the deer"はシェークスピア時代の英語？（前置詞）　*100*

53　「人間として」は、"as a human being"ではない（前置詞）　*101*

54　「真珠のネックレスをつけてパーティーへ行く」を直訳した場合の「つけて」を意味する前置詞について（前置詞）　*102*

55　「あなたから手紙をもらってうれしい」の「もらって」を前置詞で表現する場合（前置詞）　*103*

56　「彼は『タイタニック』でアカデミー賞を受賞した」の直訳は"Japanese English"か？（前置詞）　*104*

57　「大人になれば」の「〜であれば」は、"if"か？（接続詞"when"と"if"）　*105*

58　"You can hardly walk, can you?"とは言うだろうか？（否定の副詞と付加疑問文）　*106*

59　仮定法過去完了のイメージ（仮定法過去完了）　*108*

60　"of vitality"＝"vital"ではない（"of ＋ 抽象名詞"）　*109*

PART 2　ALTとの会話編　　*111*

1　「今は1月です」を"It is January now."と言えるか？　*111*

2　"Some people are interested in physically challenged people."

　　　　の違和感　*112*
3　"Yes. Yes. Yes."は、"condescending" or "patronizing"（いばっている）　*113*
4　"Excuse me."は、「すみません」か？　*114*
5　"Don't mention it."と"Don't mention that."　*115*
6　"though～"のマイナスのニュアンス　*115*
7　「面白そうだから」は、"Because it looks happy."とイコールではない　*116*
8　"I slept all day."（「1日中寝ていたよ」）は、英会話たり得るか？　*118*
9　"My hobby is sleeping."は英会話たり得るか？　*119*
10　"What is your hobby?"は英会話たり得るか？　*119*
11　"What type of girl do you like?"はどうして実際には聞かれないか？　*120*
12　"I have no time."は英会話たり得るか？　*121*
13　"I have a part-time job on Sunday."は英会話たり得るか？　*122*
14　"I get some money from part-time job."の本当の意味　*123*
15　"I played with my friend."の危険　*124*
16　"Let's do～"は「ここぞ」というときに！　*125*
17　"Let's enjoy～"は、「ずっと楽しみ続けよう」という意味になるから注意！　*126*
18　"To be expected."「今日はそうだろうね」とはならない（"to be expected"のニュアンス）　*127*
19　"You have made my life complete."の少し"怖い"本当の意味（リリックの引用）　*128*
20　「平行線をたどる」「螺旋的に」「斜めに」の直訳はできない（比喩表現）　*129*
21　日本人が外国人が話す日本語を賞賛しすぎることに対する、あるALTの戒め　*131*

おわりに　……………………………………………………………　*135*
謝　辞　……………………………………………………………　*137*

本書の構成

　本書は、2部構成である。
　"PART 1"では、著者自身が主に英作文の授業で生徒たちから寄せられた答案例や質問に対するALTの見解とそこから英語学習者が学ぶべきであると思われる事柄をまとめた。各テーマの後に、そこで中心的に扱われている文法事項と構文・単語を記したので、関心のあるものから読み進めてほしい。
　"PART 2"では、主にOCなどの授業の中で、生徒とALTとのやりとりの中で出てきた、会話文に対するALTとのコメントとそこから学ぶべき教訓を綴った。
　英語の語法や構文、ニュアンスについてのALTの意見は、必ずしも万人に受け入れられるものではないかもしれないが、どれも一定の説得力とある種の迫力をもって聞く人に訴えるものを持っていると、日常彼らと接していて、感じるところである。そこに1つの英語の真実の姿があるのではないだろうか。正しい英語とは何か。この小さな書き物がこのことに興味を感じてやまない読者の皆さんの学習の参考になることを願っている。

凡　　例

＊……例文の文末右上に付けられた、この＊（アステリック）は、その例文がALTによって英語としてはふさわしくないと判定された英文であることを示す。その日本語訳は試訳としている。

(?)……例文の文末右上に付けられた、この (?) は、その例文が文法あるいは発話上の観点から、ALTによってやや適正さを欠くと判定された英文であることを示す。

PART 1 英作文編

1 "I want (wish) to have a family." と "I want (wish) to have a warm family." のニュアンスの違い（目的語）

英作文の授業で、未来の夢について自由英作文を書いてもらったところ、次の2文に出くわした。

I want to have a family. ……………………………………… ①
私は家族が欲しい。

I want to have a warm family. …………………………… ②
私はあたたかい家族が欲しい。

一見何の変哲もない英文である。しかし、ALTのアリステア・ボーガンが見ると必ずしもそうではない。彼によると、①の"I"には家族はいないが、将来一家を形成したいという未来の希望を述べていることがこの文の意味であるという。一方、②の"I"にはすでに家族がおり、それをよりぬくもりのあるものとしたいという将来の希望を述べているという。この場合"want（wish）"の目的語は、"warm"だと考えるべきだと付け加えた。目的語とはなかなか奥の深いものなのである。英語にはわかっているようでわかりきれていないこと

は本当に多い。なお、蛇足であるが、②に赤ペンで誤りという印を付けなかったことは言うまでもない。

2 "can" のニュアンス（助動詞）

　助動詞のニュアンスは、私たちのような生徒を教える立場である者をおおいに悩ませる。次の例は、その1例である。

　In the United States, you can look into someone's eyes a little longer and when you look away, you can keep your eyes on the person's face, not on something far away.　（*NEW STAGE English Course II*, p.32, 谷岡他, 池田書店）
アメリカでは、（日本における場合よりも、）少し長めに相手の目を見つめてもよい。そして、遠くのものを指して話すときは、相手の顔を見るべきである。遠くにある、それではなく。

　筆者も、ストラスディンズとともに、この部分を演じていたのだが、その最中に、彼は、2行目の"can"は、「"should"（「～すべき」）と解釈せよ」と言った。このような解釈は、助動詞の微妙なニュアンスにある意味で慣れている教師には、受け入れられるものであるが、そのことにまだ慣れていない生徒たちには、にわかに受け入れがたいものである。生徒たちには、このような経験を積み重ねて助動詞の意味を肌で感じ理解していくことを願うばかりである。この表現はできるだけ避けてください。

3　ある日の"would"（助動詞）

　"would"の解釈にも本当に悩ませられることがある。ALTの革命的解釈は時として私たち英語の学習者を混乱に陥れるのだが、先ほどと同じ教科書から引用する次の例も、あるALTによる、"would"の斬新な解釈である。私にとっても忘れられないものの1つである。

　　"We took off, and once the plane reached a speed of 160 km/h, it was time to jump out. We would fall for 1,600 meters before pulling the rip cord. Then we would float the rest of the way down."　(*NEW STAGE English Course* II, p.2)

　引用文の2行目と3行目に"would"があるが、両者とも文脈から同じ意味であると推測することはできた。意味としては、「過去の習慣」、間接話法における「時制の一致」、または、仮定法過去などが考えられるところであったが、いずれもそれと決めるには決定的根拠を欠いていると思われた。過去における「可能性と推量」と解釈するのが最も真実に近いのではないかということが私の考えであった。しかし、念のためにALTのアックス・フクマにこの意味を確かめたところ、その答えは意外なものだった。

　彼によると、引用文中の"would fall"と"would float"は、それぞれ"fell"と"floated"と過去の内容を表すと考えるだけでもよいという。この解釈では"would"にはほとんど意味がないということになる。

　第2の解釈として、彼は、"are supposed to"をあげた。今度は一転して現在時制である。英語の助動詞がカバーする意味範囲の広さを改めて知らされた。以下に最初の解釈に基づいて作成した引用文の日本語訳を記してしておく。

私たちは離陸した。そして、いったん飛行機が時速 160km に到達したところが、ジャンプのタイミングだった。私たちは 1,600m 降下してからパラシュートの開き綱を引っ張った。あとは、空中を浮かびながら降下するだけだった。

このように微妙な助動詞のニュアンスを知るのに ALT の力に負うところが大きかったことは注目に値する。彼らの多くが、私の質問に答える前に "I think" を付け加えることで、自分が必ずしも完全な辞書ではないという点で良心的であるが、それにかかわらず、彼らの証言は貴重であると思う。それらは時として辞書を超えることがあり英語の奥の深さを教えてくれる。そして、それらを記録していくことは、英語学習者本人の語感を磨くことにつながり、別の機会に役立てることができるからである。

4　仮定法 "would" の場合（仮定法・助動詞）

仮定法の助動詞の解釈は、高校生をはじめ英語学習者には最も難しい事柄の 1 つであると思う。そんなとき、明確にその意味を解釈するために ALT の力に頼るところが少なくない。次の例はそのうちの 1 つである。

"The next day the weather was very hot. Oscar, the youngest boy, said, "I wish we could go into the cool of the woods. We could watch out for the natives. We could leave the woods if we saw any.""

（*NEW STAGE English Course II*, 池田書店）

次の日の天気はとても暑かった。一番年下のオスカーが言った。

「森の涼しいところに行けたらなあ。先住民が怖けりゃ、見張っとけばいいんだ。奴らを見れば、森から出ればいいんだ。」

ここで、問題となるのは、"We could watch out for the natives."の"could"の解釈である。「先住民を見張る」という行為は、森へ入ってこそできることであり、そのことが不可能（"I wish we could go into the cool of the woods."）であるという文脈で発話されているので、この部分も仮定法過去と認定できる。訳では、このことを念頭において、次のような"if"節を補ってこの部分を解釈した。

We could watch out for the natives if we went into the cool of the woods.……………………………………………… ①
森の涼しいところへ行くことが可能なら、そこで先住民を見張っておくこともできるのに。そんなに怖けりゃね。

しかし、フクマによると、この解釈では不十分であり、①をこのように解釈すると、万が一森に入ることができれば、先住民の見張りを立てることはできる、ということが暗に言われていると言う。私もそのように考えて解釈していたが、彼には、「たとえ、森に入ることができても見張りは到底無理だ」という意味に感じられると言うのである。彼にとっては、この"could"は、次の"could"と同じである。

"You could go shopping, but the typhoon is coming."… ②
買い物は無理だよ。台風が来ているんだから。

②は、嵐の中でも、「（君が危険を冒して行こうと思えば）買い物に行けるよ」ではなく、よりはっきりとこんな嵐の状態では、買い物は絶対に無理だ、

と言っていると解釈すべきなのだと彼は言う。"could"をこのようにとらえ直すと、最初の引用文は次のように訳さなければならないことになる。

　　次の日の天気は暑かった。一番年下のオスカーが言った。「森の中の涼しいところへ行ければなあ。先住民を見張ることはとても無理だけど、奴らを見れば逃げ出せばいいじゃないか。」

先の解釈と決定的に異なるのは、その"We could watch out for the natives."を「森へ入ることができさえすれば、見張りだってできる」というふうに、ある条件が整えば見張っておくこともできる、というのではなく、「見張りなどできない」とそれが実現する可能性を始めから否定している点にある。このような解釈がALTの助言によって得られたことは、英文解釈における一層のALTの貢献を示唆するものであろう。

5　"He is the bravest person that has ever lived."の"that"は関係代名詞ではない！　—"equation"の概念とともに—
（比較・関係代名詞・不定詞形容詞的用法・小数につく名詞の複数および"equation"という考え方）

最上級と関係代名詞について、忘れられない出来事がある。1992年にさかのぼることであるが、ある日の授業で次の文に出くわした。

　　He is the bravest person that has ever lived.……………①
　　彼は今まで生きてきた人々の中で最も勇敢な人だ。

これは、形容詞の最上級を教える際に非常によくあげられる文である。彼という人物がいて、その人は人類史上かつてないほど勇敢な人だという意味であるが、1人の生徒が、この文を訳してみても文意がわからないという主旨の質問をした。彼女の疑問は次のようなものだった。①では、"that"は関係代名詞であり、接続詞の役割をしながら前の"person"を指している。だから、"that has ever lived"という部分は、「その人が今まで生きてきた」ということになり、①を文頭から訳してみると、「彼は最も勇敢な人で、その人は今まで生きてきた」となる。それがどうして「彼は未だかつてないほどに勇敢な人だ」という意味になるのかというものだった。

　これはもっともな疑問であろう。①を関係代名詞の訳し方に従って日本語に直してみても、「彼は今までに生きた最も勇敢な人である」となり、あまり日本語としてふさわしいとは言えない。結局はその時点では、彼女が納得できるような返答をすることができなかった。最終的に私は、ALTのジュリアン・ウェルズレイのところへ持ち帰って、"that"に対する彼自身の感覚がどのようなものなのか率直に聞き、率直に語ってもらったのである。

　この"that"を見たときの彼の反応は意外なものであったが、英語を学ぶ者として、私にとっては興味深いものであった。

　彼は、「①の"that"は関係代名詞ではない」と断定した。その理由は、"that"は"person"と等しく、すなわち、"that ＝ he"という考えから①を"He is the bravest person."と、"He has ever lived."という2つの文に分けると文意が失われるというものだった。①の"that"が関係代名詞ではないというのは、日本人の英語学習者の常識を覆すものである。しかし、彼の革命的な主張にはもう1つ次のような根拠があった。

　それは、①における"the bravest"という形容詞の存在であった。彼によると、例えば"He is the cleverest boy."という表現は、聞き手が主語がどの集団に属しているかを理解しているときにのみ意味をなす（"He is the cleverest boy" only makes sense if the listener understands which group is being examined.）という。したがって①の"that has ever lived"も主語が属する集団を意味するというのである。この主張をそのまま受け入れれば、①は次のように理解されなければならない。

　　He is the bravest person among those who have ever lived.……………………………………………………………②
　　彼は今までに生きてきた人々の中で最も勇敢な人だ。

　彼によると、①は②のように理解してよい。ただし彼は次の言葉を付け加えることを忘れなかった。すなわち、"except we wouldn't say that"（そのような言い方は実際にはしないが。）彼は、さらに次の例を示して私の理解を助けようとしてくれた。

　　He was the cleverest student who went to Heijo H.S.…③
　　彼は平城高校へ通う生徒の中では一番賢い生徒だった。

　③は、"student"と"who"を境目に決して2つの文に分けられない。あくまでも③の意味するところは、

　　Of all the people who went to Heijo H.S., he was the most intelligent.……………………………………………………④

というのである。③と④が同じ意味を持つとすれば、"who went to Heijo H.S. ＝ of all the people who went to Heijo H.S."（平城高校へ行ったすべての人々の中で）ということになり、"who went to Heijo H.S."とは、まさに"He"が属する集団を意味することになるのである。
　ところで、「〜が一番〜である」という場合、主語が属する集団が必ずしも聞

き手に理解されていないときは、それを明確に表現しなければならないことになるが、その表し方はさまざまである。ウェルズレイによっていくつかの例が示された。太字部がそれらの例である。

> He is the cleverest boy **in Heijo High School** at the moment. ……………………………………………………⑤
> 彼は現在平城高校で最も利口だ。

> He is the cleverest boy **in his class**. ……………………⑥
> 彼はこのクラスで最も利口だ。

> He is the cleverest boy **who has ever been to Heijo H.S.**
> …………………………………………………………………⑦
> 彼は今までの平城高校の生徒のうちで最も利口だ。

以上のことから次の文が非文とされることは想像に難くない。

> To visit Kyoto and Nara in Autumn is the best.* ………⑧
> 試訳：京都や奈良を秋に訪れるのは最高です。

⑧は、英作文の授業で、ある生徒の自由英作文の答案として私が実際に出くわしたものである。ALTのアンソニー・ウィリアムズは、これを非文とした。「最高」という言葉の英訳は、"best"で間違いはない。問題となるのは、日本語の「最高」と英語の"best"は使われ方が違うということだ。ウェルズレイの感覚に従えば、"best"の意味は、あるものが、それが属している集団の中で最高だということになる。ウィリアムズが⑧を非文としたところから判断すると、彼も最上級に関してウェルズレイと同様の感覚を持っていると推察でき

る。実際彼は、⑧は次のようなニュアンスを持つと言う。

> To visit Kyoto and Nara in Autumn is the best of all that we do. ………………………………………………………………… ⑨
> 秋に京都や奈良を訪れることは私たちがするすべての行為の中で最高だ。

⑧が⑨のように理解されるというのは、⑧において、一番良いとされている事柄が他のどのような事柄と比較されているのかという点が抜け落ちていることから生じる結果である。そこで、私は例文を彼に示したところ、賛同を得た。

> Autumn is the best of all the seasons to visit Nara. …… ⑩
> 奈良を訪れるには四季の中で秋が最高です。

> Autumn is the best season if you want to visit Nara. … ⑪
> 奈良を訪れたいのなら、秋が最高です。

⑪では、四季のうちでという表現がないが、これが省略されていることは、文脈から推測できる。
　英作文は本当に難しい。このことを私たちはまた実感した。
　さて、最上級を使うときは、そこで言われていることがどの集団の話であるかということを明確にしなければならないという点で、ウェルズレイとウィリアムズは一致している。ある英作文の授業で、「彼女（マザー・テレサ）の人生に私は最も深い印象を受けた」という問題があった。正解としては、次の文が一見適当である。

I was most impressed by her life.(?)······················· ⑫

　しかし、ウィリアムズに見てもらったところ、やはりこの最上級が使われる際の原則に従って、この文の前に、彼女の人生と比較するべき他の人生についての情報があった方がよいということである。例えば、「私は最近マザー・テレサとレーガン元大統領とワシントンの自伝を読んだが、マザー・テレサの人生が私に最も深い感銘を与えた」という方が自然であるという。
　では、次の例文はどうだろうか。これは、同じ問題の別解として私自身が用意していたもの（非文）である。

　　Her life made me the deepest impression that I had ever had.*·· ⑬

　ウィリアムズによると、⑬は非常におかしい響きがするというという。⑬の後半 "that I had ever had" は、「私がそれまでに受けた印象の中で」という意味になるが、「これまでに受けた印象」とはあまりにも漠然としていて、「私」が今までにどのような人から感銘を受けてきたかということが表されていない。彼の言葉を借りるなら、マザー・テレサの人生と比較されるべき他の人生についての情報が何ら示されていないことになるのである。
　しかし、当時このことをすぐに理解できなかった私は、次の文によって彼に反論を試みた。

　　She was the bravest woman that I had ever met.········· ⑭

　すなわち、⑬と⑭は見たところ同じ構造をしているのになぜ⑭が英文として正しく⑬が非文とされなければならないのかと反論したのである。だが、よく考えてみると、⑬には、先に見たように、最上級が使われる文として

は重大な欠陥がある。一方⑭では、"She"と比較される集団は、「私がそれまでに会ったことのあった女性」ということで、明確に示されているのである。

　ところが彼は、私の質問には真正面から答えようとせず、ずばり日本の英語学習者の問題点を指摘した。これは、もちろん私にとっても厳しい指摘であった。彼は、日本人は"equation"をやりすぎると言う。"equation"とは、彼の説明では、「ある形式に従って作られた英文はすべて正しい英文だと考えること」とも言うべきか。⑬と⑭は確かに「……最上級…… that ＋ S ＋ have ever 過去分詞」の形式になっている。しかし、日本人は何でも1つの枠組みに入れようとしすぎる。英語はそういうものではない。このように彼は、日本の英語学習の仕方に対して一種の警鐘を鳴らした。次の例は、その"equation"の例である。これも英作文の答案例として、実際に添削の機会を与えられた例文である。

　　It costs the most of all the cities she has ever lived in to live in Tokyo.*……………………………………………⑮

　"It"は形式主語で、真主語は"to live in Tokyo"である。"It costs ＋費用＋ to 〜"（「〜するのに費用がかかる」）という構文を巧みに応用し最上級の文を作っている。しかしウィリアムズによると、この文は非文である。確かに最上級が使われているこの文において、"It"が属すると思われる集団は、"of all the cities"（すべての都市の中で）によって示されている。そうすると、すべての都市と比較されているものは、1つの都市でなければならない。それを表すはずの"It"は、"to live in Tokyo"（東京に住むこと）になっている。このことが⑮が非文と認定された理由であろう。事実、ウィリアムズは次のように言うのが良いと言う。

Tokyo is the most expensive city of all the cities.………⑯
　東京はすべての都市の中で最も物価の高い都市だ。

さらに次の例は非文とした。

　She made her record faster by 0.3 seconds.*……………⑰
　彼女は自分の記録を 0.3 秒速めた。

　これも、英作文の授業である生徒から寄せられた答案例である。"make" が第 5 文型で使われていて、答案作成者の英語力の高さが表れている。英語の構文という観点からすると何ら問題はない。しかし、ウィリアムズの言葉を借りる、英語とは 1 つの形式に当てはまっているからといってそれが常に正しい英文になるとは限らない、ということなのだろうか。
　いささか余談になるが、少数につく名詞の「数」はどのように表されるかあまり知られていないようである。ALT によると、基本的には "a" につくとき以外は、複数になるようである。例えば、「1.1 秒」は "1.1 seconds" ⑰にあるように、「0.3 秒」は、"0.3 seconds" となる。「0.1 秒」や「0.01 秒」も同様である。
　彼の言うことはもっともであるが、英語には一定の形式が多く存在することも事実であり、それらに習熟することは合理的な英語学習法の 1 つである。このことは彼も認めるところである。したがって、その形式から外れるものについては、ALT の指摘を受けながら学習していくほかはない。そして、そのような例はこの小さな書物においても以後たびたび登場するのでその折りにこの概念についても触れていくことにしたい。このことが、英語を記憶していくだけでなく、考えて活用していく態度につながる。
　さて話を元に戻そう。このような指摘を受けて十余年が過ぎ、次のような英作文の答案例に出会った私は、ウェルズレイ、ウィリアムズ両氏から教え

てもらった、最上級を使うとき、その文の主語が属する集団を明示するか、明らかにそれが聞き手がわかっている状況がなければならない、という原則を久しぶりに考える機会を得た（この英作文例については、不定詞の形容詞的用法の角度から改めて後述する。PART1-8 参照）

　　Mt. Fuji is a mountain to attract many tourists.*………⑮
　　試訳：富士山は多くの旅行者を引きつける山です。

　ALTのネイサン・ストラスディンズも、「その理由はうまく説明できない」と言いながら、この文を非文とした。しかし、次の文であればこの形式のままで"OK"だと言って、⑯の文を提示してくれた。

　　Mt. Fuji is the first mountain to attract many people.…⑯
　　富士山は多くの人々を引きつけた最初の山*だ。注*…近代登山の対象としての山

　⑯はなぜ非文とはされないのであろうか。クウァーク他（1989）によると、不定詞の形容詞的用法が、前の名詞の意味上の"V"になる場合、それが能動態であれば、被修飾語の名詞の前に、"only"や"first"、または形容詞の最上級がついていないといけないという。この原則に⑯は合致している。
　この原則の基礎に成り得るのが、私がALTから学んだ、最上級が使われる際の原則である。確かに⑯では、"mountain"の前には最上級は使われていない。しかし、"first"という序数詞が使われている。「最初の」という言葉は、それが付けられている名詞がどの集団に属しているかが明らかとなっているときに意味を持つ。すなわち「〜の中で最初の…」というように。この文において、「〜の中で」という意味を担っている部分が"to attract many people"の部分であると考えられる。この不定詞が、形容詞的用法ではな

く、「主語が属する集団」を表す意味に特化してしまったがために、つまり「多くの人々を引きつけた山の中で」という意味になってしまったがためにこの部分は非文とはされないのではないだろうか。

　このように考えると、ウェルズレイが"He is the bravest person that has ever lived."において、"that has ever lived"の部分を、"that"が関係代名詞ではなく、主語が属する集団を表す部分（「～の中で」）であるとしたとき、従来の学校文法の枠組を越えてダイレクトに英語の真実の一端に到達したのではないだろうか。

6　"stop ～ ing" と "stop to do"（動名詞・不定詞）

　英語を勉強する中で、同じ意味を表し得る表現が巧みに使い分けされていることを発見することがある。次の例などはそのよく知られた例である。

　　He stopped smoking.……………………………………… ①
　　彼はたばこを吸うのをやめた。

　　He stopped to smoke.………………………………………… ②
　　彼はたばこを吸うために立ち止まった。

　これについても、ストラスディンズに意味の違いを確認してみたが、②の意味を表すために②の文を用いることはないという。次のように言うのが最も適切であるということであった。

　　He stopped for a smoke.……………………………………… ③

念のために確認しておいたが、その価値はあった。②のようには言わないと言いながら、彼は"to smoke"が「たばこを吸うために」を意味すると理解していたようだ。

7 "a bird singing"と"a singing bird"（分詞）

次の例も巧みな使い分けではないだろうか。

 I was awakened by a bird singing.……………………… ④
 私は鳥の鳴き声によって目を覚まさせられた。

 I was awakened by a singing bird.(?)………………… ⑤
 私は鳴く能力のある鳥によって目を覚まさせられた。

⑤の文を書く高校生は多い。しかし、ストラスディンズによると、⑤の意味は、上に記した通りである。しかし、同ALTは、次のことを付け加えることを忘れなかった。「⑤は、④とは厳密には異なる意味を表す。だが、文脈によって、⑤を書いた生徒は④を意味するつもりで書いたことは容易に想像できる。だから、⑤は④のように解釈されるべきである」と。この証言は、クウァーク他（1989）の、「私たちは、現在分詞の文脈の上での意味の方にむしろ現在分詞そのものの意味よりも関心がある。」という意見と、ほぼ等しい。また、多くの生徒の感覚と、おそらくかつて生徒であった多くの教師の感覚とも一致するものである。本当にありがたい証言であった。

8 "a beautiful mountain to attract many tourists" の限界
（不定詞形容詞的用法）

「富士山は多くの旅行者を引きつける美しい山だ。」

　この日本文は、ライティングの教科書にあったもので、英作文の課題であった。これの答案として、次のような英文を書いた生徒がいた。

　　Mt. Fuji is a beautiful mountain to attract many tourists.*
　　……………………………………………………………………… ①

　ストラスディンズによると、この文は非文である。to-不定詞の部分は次のように書かなければいけないという。

　　Mt. Fuji is a beautiful mountain which attracts many tourists. ……………………………………………………………… ②

　　Mt. Fuji is a beautiful mountain which is able to attract many tourists. ……………………………………………………… ③

　　Mt. Fuji is a beautiful mountain able to attract many tourists. ……………………………………………………………… ④

　これらの文に関連すると思われる文法的原則として、クウァーク他（1989）は、興味深いことを述べている。
　①のように、名詞とそれを後置修飾する不定詞の間に意味上のSV関係が存

在するときは、その名詞の前に、形容詞の最上級や"only"、"first"、"last"などがくる必要があり、しかも、その不定詞にはモダリティー（「〜かもしれない」「〜すべきである」「〜しなければならない」などの話し手が自分の文に込める思い。）がない、という。

確かに①において、"mountain"の前にはそのような形容詞は存在していないし、"to attract"には、「〜すべき」とか「〜することができる」などといったような話者の心的態度を表すニュアンスは感じられない。このことが、①が非文だとする理由か、とネイサンに問うてみたところ、彼は、すぐに「そうだ」とは言わずに次の例ならよいと言ったのである。

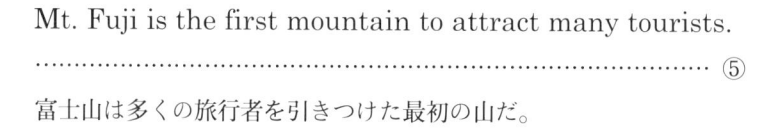

Mt. Fuji is the first mountain to attract many tourists.
　………………………………………………………………………………… ⑤
富士山は多くの旅行者を引きつけた最初の山だ。

日本の山々に造詣の深い彼らしい例文であり、しかも彼は、これは明治以降日本で近代登山が始まってからの話だということを付け加えることを忘れなかったのだが、いずれにせよ、この例は、クウォーク氏たちが言及した文法的原則に合致する。

以上のことから、不定詞の形容詞的用法に関して次のようなことが言えると思う。モダリティーのない不定詞形容詞的用法は、それが修飾すべき名詞の意味上の"V"になっていて、かつその名詞の前に、形容詞の最上級、"first"、"only"などの形容詞があるときは、そのままその名詞の後につけることができるが、（⑤）そのような語句がないときは、関係代名詞や形容詞の後置修飾によって書き換えられなければならない。（②〜③）その際に、助動詞などを挿入することによって、モダリティーを表さないという、この型の不定詞形容詞的用法特有の弱点を補うことができる。（③）このことは、一種の不定詞形容詞的用法の限界を示していると同時に、それを補って余りある代替表現が

しっかりと存在することが見てとれる。この「使い分け」が英語を教える側にも学ぶ側（高校生には難しいが）にも大切なことがらであろう。

　余談になるが、このように考えると、不定詞の形容詞的用法を「〜すべき」とか「〜することができる」と解釈するように教えてきたのは英語を教えてこられた先人たちの知恵ではないかと思われる。上述のようなやや特殊な例を除くと、この不定詞の用法は、受け身のそれも含めて、そのように解して文意を理解することが多いからである。今更ながら、わが国の英語教育が間違っていなかったことを痛感するのである。

9　"the few players to play well" における "to play" は ALT の感覚において "players" に「かかって」いるか？（不定詞形容詞的用法）

THE ASAHI SHIMBUN のスポーツ欄に次の一文があった。

> "Shinji Ono was one of the few players along with goal scorer Takashi Fukunishi to deliver."
> 小野伸二は、得点をあげた福西崇史と並んで良いプレーをした数少ない選手の内の1人だった。

この英文に見られる "to deliver（= to play well）" は、先の8で見た不定詞の形容詞的用法である。"players" の前に "few" という数詞がありこの型の文法的原則にも合う。そこで、今回は、私たち英語の学習者が言う「後置修飾」が ALT にはどのように映っているのかを聞いてみることにした。

　ALT が英語を読んでいるところを見ると、常に目線は「左から右」である。

このことは、英語によく見られる関係代名詞節や不定詞などによる後置修飾を余り意識しないで読んでいることを意味するのではないだろうかと私は思ったものだ。実際、今までにたびたび、後置修飾について、「私たち英語学習者は、その部分が前の名詞にかかる」と理解するのだと言い、「かかる」という概念を彼らに説明したことがあったが、彼らにはそれが何を意味するのかなかなかわからないという風であった。

　今回もこのことを念頭において、上の記事を例に、後置修飾が実際彼らの頭脳にはどのように映っているのかをストラスディンズに聞いてみたが、やはりというより、彼は、今までのALTと違って、「かかる」という感覚を明確に否定した。英語を一度でも「後ろから前に向かって読む」ことなんてあり得ないという風だった。それどころか、この記事の例文において、"players"と"to deliver"との間には文法的関係など何ひとつない、と言ってのけたのである。その一方で、"few players―（中略）― to deliver"は、"few players―（中略）― who delivered"と書き換えることができ、"Please understand that the players played well（delivered）"と言って、「その選手たちが良いプレーをした」ということをしっかりと押さえるべし、と言うのである。

　ALTの斬新な感覚にはときとして驚かせられるが、このことは、英語を合理的に読むための1つのヒントになり得るのではないかと思った。

10 "limitations to do" は可能か（不定詞形容詞的用法）

不定詞の形容詞的用法の1つとして次のようなものがある（太文字部分）。

　　　I have no **time to lose**.……………………………………①

He has the **ability to speak** six languages.……………②

He had a strong **will to improve** himself.………………③

He had the **courage to stand** up against racial discrimination.……………………………………………④

That was the **moment to decide**.………………………⑤

There is **nowhere to sleep**.……………………………⑥

She had the **kindness to take** me to the hospital.………⑦

He had the **luck to catch** the train.……………………⑧

I am under **obligation to raise** some money.……………⑨

There is no **reason** for us **to do** it.……………………⑩

I have no **cause** to complain.……………………………⑪

He had half a **mind** to study abroad.……………………⑫

He had the **boldness to ask** her to do it.………………⑬

この種類の不定詞の形容詞的用法が接続する名詞は、抽象名詞である。時間や場所、人間の自由意思、理由などを表す名詞につく傾向があるようだ。しか

しこのような種類の抽象名詞であっても、それが to 不定詞と接続し得るかどうかということについては、しっかりと辞書や ALT によって確かめなければならないし、このような抽象名詞以外の抽象名詞と to 不定詞の接続には一層注意を要する。例えば、ALT のエイプリル・ネルソンによると、次のような例は英語の正しい表現ではない。

> There is a kind of **limitation to prevent** it from standing as the only leading principle to realize world peace.*……⑭
> 試訳：それ（＝西洋文明）が、世界平和を実現させる唯一の指導原理として受け入れられることを妨げる一種の限界がある。

"limitation" に不定詞形容詞的用法を接続させることは不可能だと言うのである。彼女によると、⑭は次のようにしなければならない。

> Its limitations prevent it from standing as the only leading principle to realize world peace.………………⑮
> 西洋文明自身の限界が、それが世界平和を実現させるための唯一の指導原理として受け入れられることを妨げている。

⑭の例から読み取ることができるが、"principle" は、不定詞形容詞的用法が接続可能なようである。2006 年 12 月 21 日付 *DAILY YOMIURI* に、"victory" に不定詞形容詞的用法が接続している例があるので紹介しておく。

> Defending champion Koki Kameda silenced his critics with a unanimous decision **victory to beat** Juan Landaeta in the World Boxing Association light flyweight title match on Wednesday. ………………………………………⑯

チャンピオン亀田興毅は水曜日に行われた WBA 世界ライト級タイトルマッチにおいてファン・ランダエタを破るという満場一致の判定勝利で彼に批判的な人々を黙らせた。

また、ネルソンによると、"dream"にも不定詞形容詞的用法の接続は可能である。

 I have a **dream to become** a MLB player.……………… ⑰
 私はメジャー・リーグの選手になる夢を持っている。

11 "a city that I have never visited" と "the city that I have never visited"（定冠詞・不定冠詞）

英作文の問題で、次のようなものがあった。

 和文英訳問題：岐阜は私が訪れたことのない都市です。

この問題において、最後に生徒たちが困るのは、"Gifu is a city～"とするか、"Gifu is the city～"とするかということである。正直に言ってどちらにしても意味に大差はないと感じていたが、ストラスディンズに意味の確認を取ることにした。彼に示したのは次の2つの英文である。

 Gifu is a city that I have never visited.……………… ①

 Gifu is the city that I have never visited.……………… ②

「両者に意味の違いがあるか」と問うたところ、「大いにある」という答えが返ってきた。彼の説明する意味の違いとはこうである。

①は日本の都市の中で未だ自分が訪れたことのない都市はたくさんあり、岐阜もそのうちの1つだ、という意味である。このことは、まさに、この和文英訳問題の文が意味するところである。しかし、②は、"the city" とすることによって、日本の多くの都市の中で岐阜だけが自分が未だ訪れたことのない文だ、ということになると言う。②は事実上の非文であったのだ。こんなところにも、英語の「使い分け」があった。また、改めて冠詞の使い方の難しさを実感した例であった。

12 "A student whose name is 〜" と "The student whose name is 〜" の違い（定冠詞・不定冠詞）

関係代名詞 "whose" の練習問題として、「アマガスという名前の生徒は1年4組にいます」という意味を表す英文を作っていて、書き出しのところを "A student" とするのか、"The student" とするのか私自身迷ってしまったので、2つの英文を作ってストラスディンズに確認した。

  The student whose name is Amagasu is in the 1-4 class.
  ……………………………………………………………………… ①

  A student whose name is Amagasu is in the 1-4 class.
  ……………………………………………………………………… ②

彼は、親切にも①、②とも英語としては文法的に何ら誤りはないとしなが

ら、両者の意味の違いを説明してくれた。それによると、「アマガス」という人がクラスに 1 人しかいない場合は、①のようになるが、2 人以上いる場合は、②のようになるという。この意味の違いは、先の 10 で見たものと類似しているのではないだろうか。念のために次のような練習問題を作って、この"the"の使い方を確認した。

　　The country whose currency is "yen" is whose.………… ③
　　「円」を通貨としている国は日本である。

　彼は、問題の答えは "Japan" として、"The country" とするのが正しいという。「円」を通貨とする国は日本だけであるからである。ここでも、"a" と "the" はしっかりと使い分けられていることがわかる。

13　"so 〜 that 構文"、"so 〜 as to 〜"、"enough to 〜" の違いについて（"so 〜 that 構文"・不定詞）

　次の英文は、英作文の問題の解答例として私自身が授業で示したものである。

　　Mary was wise enough to take an umbrella with her.
　　……………………………………………………………… ①

　生徒たちの答案の中には、次のようなものもあったので正解とした。

　　Mary was so wise that she took an umbrella.………… ②

また、次の例は生徒たちの答案例にはなかったが、次の解答例も予め用意しておいた。

　　　Mary was so wise as to take an umbrella.………………③

　①②③に見られる構文は、「同じ意味を表す構文」として、最も有名な組合せのうちの1つであると思う。しかし、これらの文がまったく同じ意味・同じニュアンスを表すのであれば、まったく同じ意味・ニュアンスが3つの異なる形式で表現されているということになる。これは、自然な言語現象とは言い難い。
　能動態から受動態への書き換えなどは、意味を変えずに書き換えることが可能な形式としてまさに典型的と言えるものである。その歴史は古く、すでに戦前の旧制高等学校の入試問題にも散見される。しかし、イエスペルセンは、 *Essentials of the English Language*、第12章において、ある事柄を表す際に受動態が使われる理由を極めて明瞭に詳述している。まさに成田義光氏（「はじめに」参照）が言われるように、話し手の意図と構文との関係は容易に見てとれるのである。
　以上のような問題意識をもって「同じ意味を表す構文」はそれぞれ観察されていかねばならない。とは言うものの教職についたばかりの頃の私は、この問題意識とは別に、受験勉強でこの種の書き換え問題に何度も苦しめられたという経験から心に抱いていた素朴な疑問—本当に書き換え問題の文はまったく同じ意味を表すのだろうか？—をALTにぶつけてみたいという気持ちになっていた。そのときに一度①②③で使われている構文のニュアンスの違いについてALTに質問をしたことがあったのだが、この問題をきっかけにもう一度これについてALTに聞く機会を得、基本的に以前と同じで、かつより詳しい情報が得られたので記しておきたい。
　ストラスディンズは、まずこれらの3つの文は同じ意味を表すと理解せよと

言う。その上でニュアンスの違いを丁寧に説明してくれた。

　第1に会話としての自然さという観点から、①は、最も正式な言い方であり、最も自然な響きがあるのが②であるという。

　第2に彼は、意味的観点からこの3つの文の本当の意味を解説してくれた。これらの文は、いずれも「他の人はかさを持ってきていなかったのだが、メアリーだけは注意していて持ってきていた、そのことが賢明であった」という意味であるという。その際に、②においては、"enough"を強く読み、③においては、"so"を強く読む、という。そして、そのことを示す文脈が実際の会話では必要ではないかというのである。彼によると、考えられる最もふさわしい文脈は、「天気予報は当日晴れを予想していた」ということである。例えば、次のような文である。

　　Mary was wise enough to take an umbrella with her. The weather forecast had said that it was going to be sunny all day.………………………………………………… ④

　ALTのマーチン・ウェザビーによると、次の英文は、「他の人は駅へ行く道を教えてくれなかったが、メアリーだけは、親切だった（教えてくれた）」という意味である。

　　Mary was so kind that she told me the way to the station.……………………………………………………… ⑤

　彼は、"so"があまりにも強く感じられると言った。これは、辞書的には「それほどに」という意味である。道を尋ねても他の人は無視したが、彼女だけは教えてくれた。「それほどに」彼女は親切だった、というニュアンスがあるという。⑤について、ALTのアリステア・ボーガンにも意見を求めたところ、

彼にも"so"は強く感じられるが、ウェザビーが言うほどではない。そのとき通りがかっただけで、本来その人がする義務があるわけでもなかった道を教えるという行為("extra work")をしてくれたという意味において「それほどに」なのだ、と言うのである。

最後に、ストラスディンズが付け加えたことを記しておきたい。上記の①②③のうち③にある"so～that"構文だけは、特に文脈を明確にせずとも、"so"と"that"の間の部分が充分に強調され得るというのである。そのことを可能にするのは、"that"以下に現れる重大、または深刻な内容であるという。親切にも彼は次の2例を示してくれた。

> Mary was so wise that she got a full mark in the math test.……⑥
> メアリーはとても賢明であった。その数学のテストで満点を取った。

> Mary was so stupid that she said to the vise principal, "Get out of here."……⑦
> メアリーは何と愚かなことに、教頭先生に対して、「出ていけ」と言った。

14 "too difficult to ～"と"very difficult to ～"("too～to"構文)

いわゆる"too～to"構文も高校生必須の学習事項である。この意味を改めてボーガンに確認したところ、この構文のポイントは、"to"以下の行為ができないということである。次の例は英作文の授業で生徒たちに課した問題であ

る。

　英作文課題：そのテストは難し過ぎて解くことができなかった。

　この問題の解答例は次のものである。

　　The test was too difficult to answer.……………………………①

しかし、あえてこの構文を使わずに、次のような答案を作成した生徒がいた。

　　The test was very difficult to answer.……………………………②

　私は、この答案に接したとき、否定文ではないなと直感することはできたが、例によって確信が持てない。そこで、ボーガンに①と②の意味の違いを質問したところ、次のような意見が得られた。彼によると、①で最も押さえなければならないことは、テストが難し過ぎて諦めた、ということであるという。②は、ほとんどテストができなかった、という場合もあり得るし、なんとか最後まで解答した、という場合にも使われる、という。意味の範囲が広いというのである。
　このことに関して、ウィリアムズからは次のように証言が得られた。

　　The test was too hard for me to answer.……………………………③

　この文は、英作文の教科書にあった和文英訳問題の解答例である。この文のニュアンスをウィリアムズに尋ねたところ、テストが難しくて途中で諦めたことを意味するということだった。ただし、どの程度解答したかは不明で、まっ

たく白紙であったか、かなり解答したとも考えられるという。
　これに対して、次の文は、テストの問題が難しかったので、すべての問いに答えたわけではない、という意味になるという。

　　The questions of the test were hard for me to answer.
　　……………………………………………………………………④

　彼は、部分否定であることを強調したかったようであるが、③とは異なり、諦めたというニュアンスはないということがわかる。
　参考までにとして、彼は次の英文のニュアンスについても説明してくれた。

　　His books were too difficult for me to read.……………⑤

　この文の意味するところは、"I couldn't read all of his books.＝I could manage to read some of his books." であるということだった。やはり、この例からも、"too～to" 構文の解釈のポイントは、「途中で諦めた」ということである。⑤の文からは、彼の全集を読もうとしたが、途中でそのことを諦めた、ということを読みとることができるからである。
　１か所単語を入れ替えるだけで、意味の幅に変化が生じる。私は、このようなことでも、ALTの意見を聞いておくのがよいと思う。"too～to" 構文は一般に広く認知されているだけに、そのヴァリエーションに出くわしたときは、なおいっそうALTにきくことが重要であろう。

15 There is no explanation for tastes.（人の趣味は説明できない―諺―）とは言えるか？（動名詞）

　これも、英語の諺としては、あまりにも有名な諺を、ある生徒が自分なりに考えて、作成した文である。ただし、この問題は英作問題であったが、課題文がことわざであるという、ことわりはなかったと記憶する。正しくは、次のようであることは言うまでもない。

　　There is no accounting for tastes.
　　人の趣味は説明できない。―諺―

　この生徒は、"accounting for"（～を説明すること）の部分を同じ意味を表す、"explanation"に置き換えることができるのではないかと考えて、最初にあげた英文を作成したと考えられる。
　この諺本来の形を再現するように求めた問題であればともかく、先にも述べたように必ずしもそうではなかったので、この文をボーガンに意見を聞いてみた。
　私自身、文法的な興味をおぼえた。彼の言葉を借りると、"explanation"とすると、非常に奇妙に感じられるが、まあ英文としては受け入れられるかもしれない、という程度の文になる。この英作文の背景にある諺があまりにもスタンダードなだけに、「奇妙」に感じられたのだと私は理解しているが、このようなことも、実に些細なことかもしれないが、なかなか他では得難い情報ではないかと思うのである。

16 "They start school in April in Japan." の意味（代名詞）

英作文課題：日本では４月に新学年が始まります。

　この文は、"ライティング"の教科書に、最も基本的な英作文問題のうちの１つとしてしばしば掲載されている。この程度の問題ならおおよそ答えは１つに決まっている、と教師も含めて多くの人が考えるかもしれない。しかし、そのことがやや早計であることは、経験の教えるところである。これを正確に英訳したものは、次の英文である。

　　The new school year starts in April in Japan.………… ①

ストラスディンズによると、次の英文が最も自然である。

　　School starts in April in Japan.……………………… ②

ある生徒は次のような英文を書いた。

　　School begins the new school year in April in Japan.*
　　………………………………………………………………… ③

　　School begins new classes in April in Japan.*………… ④

　ネイサン氏が言うには、"school"を主語に立てては、"begin"や"start"は他動詞としては用いられない。非常に良く書けている、と感動した答案例だったのだが、その旨を③、④を書いた生徒に「残念な知らせ」として伝えて

おいた。

　また、別の生徒は次のように書いた。

　　They start school in April in Japan.……………………⑤

　この文は、実際的には、③、④の主語が"They"に置き換わっただけなのだが、ストラスディンズによると、非文ではない。ただし、として彼は次のことを付け加えた。この文を言った人は、日本人ではない、と。その根拠はまさにその"They"の存在であるという。彼には、外国人同士が日本の学校制度について語っていて、一方の「日本ではいつ新学期が始まるの？」という質問に答えて発言された文がこれであるように感じられるらしい。そのような状況を考えない限り、この文の主語に"They"が現れることはないと彼は言い切る。そのとき私の脳裏に浮かんだのは次の英文である。

　　They speak English in Canada.………………………⑥
　　カナダでは英語が話されている。

　この文は、"English is spoken in Canada."と同じ意味を表す文として紹介されるが、これを発話する人はおそらくカナダ人以外の人々である。代名詞の基本的意味は、中学時代にきっちりと押さえられている。ALTを通して私は基本の大切さを改めて思い知らされた気がした。

17 「シンガポールでは大学に入ることは難しい」の英訳において「大学」につけるべき冠詞（冠詞・複数）

和文英訳問題：シンガポールでは大学に入ることは難しい。

　上のような和文英訳問題においても、生徒達が困るのは、「大学」の前に適切な冠詞を決定することである。おおまかに言って、"a college" とするか、"colleges" と複数にするか、あるいは、"college" と単数にするという選択肢があったようである。"the college" とした生徒は少なかった。ストラスディンズが選択したものは、"college" であった。他の例とともに以下に記しておく。

　　　In Singapore, it is difficult to enter college.………………①

　　　In Singapore, it is difficult to enter colleges.*……………②

　　　In Singapore, it is difficult to enter a college.(?)…………③

　では、②がなぜ非文なのであろうか。彼によると、その理由は明快である。「1人の人が複数の大学に入学することはできないだろう」というものだった。"enter colleges" とはまさにそのような意味になるという。シンガポールには大学は複数あるのだから、大学の英訳は複数で表現すべきである、という論理は、"enter" という動詞によってうち砕かれる。この意味では、③は、②の矛盾を解決しているように見える。それでも、彼は、「③について言えることは、この文は文法的には誤ってはいない、ということだけだ」と言う。結局、この和文英訳問題の文の意味を正確に表している英文は①だけなのだという。「数」

を正しく英訳したつもりでも、それが日本語の論理の上に立つものであれば文意が正しく成立するとは限らない。このような基本的なことをALTの感覚を通して改めて思い知らされた。

18 "in loud voices"とは言えるのだろうか？（イディオム・複数）

　リーディングの授業で、"find＋名詞＋ p.p."という知覚動詞の構文を学習する機会があり、これを使った練習問題を作ってみた。次の文はそのうちの1つである。

> I found Soekami school song （　　　） by the students **in a loud voice**.……………………………………………………………… ①
> 私は添上高校の校歌が生徒によって大きな声で歌われるのがわかった。解答は"sung"

　言うまでもなく"in a loud voice"とは、「大きな声で」という意味の慣用句である。しかし、この文を作ったとき、ふと今までにない疑問が私の脳裏をよぎった。生徒たちは皆で校歌を一斉に歌うのだから"in loud voices"と言ってもよいのではないかと。いや、むしろそうすべきではないかと言う疑問である。これは素朴な疑問かもしれない。しかしそんな疑問にも明快に答えてくれる辞書は少なくとも私の周りにはなかった。"in a loud voice"は慣用句のなのだからこの形しか許されないということなのであろうが、万が一の可能性もある。私はまたもこの疑問を解消するために、ALTの直感と経験に頼ることにした。

　ALTのジニー・コントレラスによると、やはり"in loud voices"という言

い方はあり得ない。なるほど複数の生徒によって校歌は一斉に「大きな声で」歌われることはあるものだ。しかし、そのような場合でも"in a loud voice"と言わねばならないと言うのである。

　予想どおりの意見であった。しかし、自分がALTに聞かないままでこの疑問を放置していれば何かが心にひっかかったまま"in a loud voice"と言っていたであろうことも事実である。ALTの意見を聞くことにより私は、"in loud voices"が実際に使われる可能性はゼロか限りなくゼロに近いという確信を得たのである。この意味でもALTの語法に関する意見は貴重であると改めて思った。

　最後にやや余談となるが、「猫はねずみを食べる」と言う場合の猫とねずみはそれぞれ複数が用いられるという（ネルソン）。

　　　Cats eat mice.……………………………………………②

　この場合ネルソンによると、"the＋動物の単数名詞"を使ってその動物を総称するという用法を使って、"The cat eats the mouse."とはなかなか言えないということであった。このことを付け加えておきたい。

19　「時代から取り残される」は、"be left behind the era"と言えるか？（イディオム）

　"Writing"の授業で、「インターネットの使い方を知らない人は時代から取り残されるだろう」という英作文の問題を扱った。「時代から取り残される」を意味する適切な英語表現は、"be left behind the times"であるが、ある生徒は、"be left behind the era"と書いた。このような言い方が英語として適

切なのかどうかどうしても判断できなかったので、ネルソンにこの英語の適正について意見を求めることにした。このとき、私の頭を過ぎったのは、トピック14で述べた"There is no explanation for tastes."であった。すなわち、この表現が何とか英語として通るのであれば、"be left behind the times"の代わりに、"be left behind the era"と言うこともできなくはないのではないかという期待があった。

　しかし、彼女の意見は「言えない」ということであった。

20　「健康を失う」の英訳は、"lose one's health"のみか？（"It is not until ～ that ……構文）

　長年英語教師として教壇に立っていると、和文英訳・英文和訳に限らず毎年のように授業や模試などで見かける例文がある。次の例文もそのうちの1つである。

　It is not until you lose your health that you realize the value of it. ……………………………………………………………………①
　健康の価値は、それを失ってはじめてわかる。

①は、"It is not until ～ that …"構文を学習するための例文として有名である。このような例文は丸暗記をしておくのが一番良いと思うが、必ずしも全員の生徒たちがそうしてくれるとは限らない。したがって、これを英作文の問題として彼らに課すと、さまざまな答えが返ってくることになり私たち教師を悩ませる。しかし、そのことによって得るものは大きい。生徒たちと教師の両方にとって。彼らが作成した英文の主なものは①以外に次のようなものがあった。

It is not until you destroy your health that you realize the value of it.……②

It is not until you harm your health that you realize the value of it.……③

It is not until health is harmed that you realize the value of it.……④

　これらについてそのニュアンスをウェルズレイに聞いてみたが、彼によると①は最も一般的に「健康を失う」という意味になる。②の"destroy your health"は、「まったく眠れなくなる」とか「薬物によって健康を害す」という意味を表すという。③と④の意味に大差はないが、"harm one's health"とは、「お酒の飲み過ぎによって健康を害す」ということを意味するという。この例文には、ほぼヴァリエーションはないのではないか、と思っていたが、もちろんそうではなかったのだ。しかも、それぞれに異なったニュアンスがあることを学ぶことができた。

21　"The more you read this book, the less you understand it." は非文か？（比較・"the 比較級〜、the 比較級〜"構文および形容詞・副詞"much"の難しさ）

　形容詞や副詞の使い方は難しいと思う。"the 比較級〜、the 比較級〜"構文において形容詞や副詞の選択にはなかなか微妙なものがある。ある日の英作文の授業で次のような問題を扱った。

和文英訳：この本は読めば読むほどわからなくなる。

　この問題のポイントは、「〜すればするほど〜だ」を表す部分である。これは、"the 比較級〜, the 比較級〜"の構文の知識を活用しなければならず、なかなかこの部分の訳出は難しいといえる。しかし、さらに難しいことは、その構文の比較級にどのような副詞を選択するかということである。この問題を見たとき私の脳裏に浮かんだ言葉は、"Read more. Write less."であった。これは松本道弘氏が英語上達のための極意としてしばしばメディアを通して言われていた言葉である。これを応用すると、この和文英訳問題の解答例ができあがる。

　The more you read this book, the less you understand it.
　…………………………………………………………………… ①

　①を見たときに、私には次の疑問が生じた。①の前半の部分の元になったと考えられる次の英文は本当に英語として受け入れられるのだろうかという疑問である。

　You read this book very much.(?)………………………… ②

ウェルズレイによると、②は非文ではない。ただし、"much"の意味は、「多く」ではなくおおむね「熱心に」（="intensively" "hard" "ardently" "enthusiastically" などに書き換え可能であるという）という意味になる。だが、実際にはこの意味でも "much" を使うことはないということを付け加えた。
　この①と②を次の２例と比較してみたい。これもそれ以前に同氏に確かめていたものだ。

The more you have money, the more you worry.*……… ③
試訳：お金をたくさん持てば持つほど心配になる。

You have money much.*……………………………………… ④
試訳：君はたくさんお金を持っている。

　③、④のように作文する生徒は実は多い。同じ ALT によると、両者とも非文である。そこで私たち教師はすぐに、次のように訂正する。

The more money you have, the more you worry.………… ⑤

You have much money.……………………………………… ⑥

　注目すべきは、①②と③④の関係である。前者は、両方とも正しい英文で、後者は両方とも非文である。この判断の分かれ目は、"much" の意味の違いに尽きると思われるが、なかなか理解しにくい部分ではないかと思われる。最後にもう１つ "much" の使い方の難しさを示す例をあげておきたい。

I like Yomiuri Giants. I would like them to show us much great play.(?)……………………………………………… ⑦
私は読売ジャイアンツのファンだ。選手たちに多くのすばらしいプレーを見せてほしい。

このように言うためには、実際には次のように言うのが正しいとウィリアムズは指摘する。

I like Yomiuri Giants. I would like them to play better

for the fans. ……………………………………………………⑧
私は読売ジャイアンツのファンだ。選手たちにファンのためにより一層良いプレーをして欲しい。

次のトピックはもっと複雑である。

22 "I want to read a book as much as possible." および "Don't speak Japanese as much as possible." は 非 文 か？（"as much as possible" と "as little as possible"）

まず、標題にかかげた最初の例から見てみたい。

I want to read a book as much as possible.* ……………①
試訳：私はできるだけ本を読みたい。

ウィリアムズによると、①は非文である。この "much" は、前のコーナーで見たように、実際には「お金を多く持つ、本を多く読む」という意味で使われることはない。また、「熱心に、集中的に」という意味にも解釈できない。しかし、①の "as much as" を「できるだけ多く」と解釈する生徒諸君は多かった。では、表題に掲げた第 2 の例についても同様のことが言える。"much" の使い方は難しい。

Don't speak Japanese as much as possible.* ……………②
試訳：できるだけ日本語を使うな。

ウィリアムズによると、②は非文である。"as much as possible" を否定文に使うのは危険である。しかし、英語学習者にとって、この "much" やその反対の "less" の使い方は難しい。②は、「できるだけ日本語は使わないで。」という英作文における典型的誤答例である。"as much as possible" は、そもそも数量的に「できるだけ多く」という副詞的意味を表さないのだから、それは肯定文、否定文のいずれにおいても意味をなさないのである。

　では次の例はどうであろうか。これは、「私はできるだけ水を使わないようにした」の英訳を試みたものであるが、彼によるとこの文はそのような意味を表さない。

　　I made an effort not to use as much water as possible.(?)
　　…………………………………………………………………… ③

　正しい例文を以下に記しておきたい。これらはいずれも生徒たちによるものである。非常に優れた解答例であると今更ながら感心する次第である。

　　I made an effort not to waste water.…………………… ④

　　I made an effort not to waste water as much as possible.
　　…………………………………………………………………… ⑤

　　I made an effort not to use water as much as possible.
　　…………………………………………………………………… ⑥

　　I made an effort to use as little water as possible.…… ⑦

I made an effort to use water as little as possible.……⑧

④を除いて"as much (little) as"が巧みに使われているのがわかる。⑤と⑥においては、"not"以下の部分が②と同様の構造をしているが非文ではない（ウィリアムズ）ということからすると、この部分は、副詞句として、"made an effort"を修飾していると考えることができる。「私は、水を無駄にしないように（使わないように）できるだけ（一生懸命に）努力した」という意味になる。

23 分詞構文の「公式」に従う例と従わない例から垣間見えること（分詞構文）

　英語の基本的な文法の中に分詞構文がある。分詞構文とは、"接続詞＋S＋V（定形）"の部分のうち、接続詞とSを省略し、Vをその現在分詞に変換した副詞句である。ただし、このSの省略は、それが主節のSと同じものを指している場合に可能である。

　この構文は、英語表現の形式の中でも最も鮮明なもののうちの1つである。しかし、この原則は、すべての"接続詞＋S＋V"の部分に適用できるわけではないようである。すべての文にこのルールを適用しようとすると、ウィリアムズの言うように、日本人は、"equation"（PART1-5）をやりすぎるという批判を浴びかねない。

　ここでは、ALTによってこの原則を適用することが不可とされた例と可とされた例を集めてみたいと思う。また、そこからどのようなことが見えてくるかということについても考えたい。以下の英文はいずれも英作文の授業で私が出会ったものである。

(1) "and + S + V" の分詞構文が不可とされた例
次の文の、"接続詞 + S + V" の部分を分詞構文にするとどうなるだろうか。

> I rented a car and I saw the sights of some famous places.·· ①
> 私は車を借りていくつかの名所を観光した。

この、"and I saw" を規則に従って分詞構文にすると、①は、次のようになる。

> I rented a car, seeing the sights of some famous places.*
> ··· ②

しかし、ウィリアムズによると、実際に②が①のように解釈されることはないという。分詞構文が、"and S + V ～" と解釈されるためには、分詞構文の内容が明らかに前の節に続いて起こる事柄を表していなければならないと思われる。次はその例である。

> A river is born high in the mountains as a tiny trickle, growing in size as the water is carried down into the low country and eventually to the sea.································· ③
> 　　　（小池生夫他，NEW HORIZON English Course II，東京書籍，p.133）
> 川は山中高く小さなしずくとして生じ、水が低地へ運ばれるにつれて大きくなりついには海へと至る。

③の "growing" は、"and it grows" 以外の解釈を許さないと思われる。
　ところで、「②は①の書き換えである」と言うと、彼は、「そうだとすると次のように言うべきである」と言った。

I rented a car to see the sights of some famous places. ④

念のためであるが、"to see" は結果を表す不定詞である。また、同氏によると、次の分詞構文（太文字部）も不可である。

It being very warm that day, we rolled up the sleeves of our shirts **, walking**.* ⑤
試訳：その日はとても暖かかったので、私達はシャツの袖をまくり上げて、そして歩いた。

⑤は、次の文と決して等しくならないという。

It being very warm that day, we rolled up the sleeves of our shirts **and then walked**. ⑥

（2）"After ＋ S ＋ V" の分詞構文への変換が不可とされた例

次に、私は、①とほぼ同じ意味を持つ、"After I （had） rented a car, I saw the sights of some famous places" の書き換えであるとことわった上で、次の同じ意味をもつ次の2文を彼に提示してみた。

Renting a car, we saw the sights of some famous places.(?) ⑦
試訳：車を借りた後、私達は名所を巡った。

Having rented a car, we saw the sights of some famous places.(?) ⑧

⑦⑧の分詞構文は原則どおりに作られた文であるが、彼によると、"after"の省略はよくないという。次の例についても同様の判断がなされた。まず分詞構文に変換する前の文を示す。

After I saw the play, I found it difficult to make people happy.……………………………………………………………………… ⑨
その劇を見たあと、私は人々を幸せにすることは難しいとわかった。

Afer my father bought a book on camping, he is studying about it.……………………………………………………………………… ⑩
キャンプについての本を買ったあと、父はキャンプについて研究している。

⑨⑩の "After S + V," の部分を規則に従って分詞構文にすると、それぞれ次のようになる。

Seeing the play, I found it difficult to make people happy.
………………………………………………………………………………… ⑪

Having bought a book on camping, he is studying about it.(?)……………………………………………………………… ⑫

ウィリアムズによると、文頭に "After" をつけない場合、⑪は⑨のように解釈されない場合がある。なお⑫は文そのものが英語として受け入れ難いものであるという。しかし次の例における、"having bought" は、"after he bought" と理解することができると言うので、英語は難しい。

My father is studying about camping, having bought a book on it.……………………………………………………………… ⑬

= My father is studying about camping, after he bought a book on it.……………………………………………………………… ⑭

(3) "Because＋S＋V" の分詞構文への変換が不可とされた例

ウィリアムズによると、次の英文は非文である。これは、"Because my mother likes walking on a mountain road, she took me to a mountain nearby." を分詞構文を使って表現した文である。

Liking walking on a mountain road, she took me to a mountain nearby.*………………………………………………… ⑮
試訳：山道を歩くことが好きだったので、彼女は私を近くの山に連れていった。

なお、"walking" を "taking a walk" としても結果は同じであった。

(4) 分詞構文の主流は付帯状況。また時を表す節は分詞構文になりやすい。

これらに対して、次の一連の文は、ウィリアムズが可とした分詞構文である。解釈は彼によっている。

We felt comfortable, doing moderate exercise.………… ⑯
私たちは、適度な運動をしているうちに快い気分になった。

ここで、彼は "doing moderate exercise" は付帯状況を示すのであって、この部分を "after doing moderate exercise" と解釈することはできないと

言っていることは注目に値する。

> Refreshed (Feeling great) after moderate exercise, we went home.……………………………………………………⑰
> 適度の運動をした後さわやかな気分で、私たちは家路についた。

> Seeing the sky, we walked along the bench.……………⑱
> 空を見ながら、私たちはベンチに沿って歩いた。

> It being very warm that day, we rolled up the sleeves of our shirts.………………………………………………………⑲
> その日はとても暖かかったので、私たちはシャツの袖をまくり上げた。

> Coming back home, I was surprised to see how different it was.……………………………………………………………⑳
> 家に着いたとき、私はそこがすっかり変わっているのを見て驚いた。

ALTのデボラ・ペザーは、私が書いた文章の中にあった、"I was moved to hear the news." という文を次のように訂正した。

> I was moved when hearing the news.………………………㉑
> 私はそのニュースを聞いたとき感動した。

ストラスディンズは、「"simple past" と "progressive past" が共存するのはおかしい」と言いながらも、さらに㉑を次のようにするのがよいと言う。「彼が、"when hearing the news" を "progressive past" と認識しているの

はこだわるべきである。少なくとも彼は、この部分が分詞構文であるという認識はないことを示しているからである。しかし、結果としてできあがった文は分詞構文であることも事実である」。

　　I was moved while hearing the news.……………………㉒
　　私はそのニュースを聞いているうちに感動した。

（5）　ALT が可とした分詞構文と不可とした分詞構文からどのようなことが見えるか。

　以上の例と ALT のコメントから次のようなことが言えるであろう。まず、"Because　S＋V"の節は分詞構文になりにくいということである。(⑮) ただし、理由を表す副詞句となっていることが比較的容易に見て取れるときは、理由を表す分詞構文として存在する (⑤⑥⑲)。

　同様に "and S＋V" も分詞構文にはなりにくい (②⑤⑥)。"after　S＋V"も同様である。特に文頭においては顕著である (⑦⑧⑪⑫)。ただし、"after"を省略しない場合はその限りではない。そして、分詞構文の意味として意外に多いのは付帯状況ではないかということである (⑯⑰⑱)。余談であるが、ALT・アリステア・ボーガン氏の短編小説：*The Pine Crest* の英語を分析したことがある。その中で使われている分詞構文もほとんどが付帯状況であった（渡辺晶夫「ある ALT による短編小説の教材化への試み」奈良県教育委員会教育研究論文　2000 年）。

　また、分詞構文が "When　S＋V" と解釈されることもあり得るが、(⑳) 分詞構文が内包する接続詞の意味をよりはっきりさせるために "When" または "While" は省略されない (㉑㉒)。

24 動名詞の意味上の主語の再確認(動名詞の意味上の主語)

3年生の英作文の授業で次のような問題があった。

英作文課題:日本でも「スチュワーデス」が「フライト・アテンダント」と呼ばれていることはよいことだと思います。

この問題の答案例として私が用意していたのは次のような英文である。

> I think it is good that a "stewardess" is called a "flight-attendant" in Japan, too. ……………………………………… ①

①の that 節の部分を、見事に動名詞を使って補文化した生徒がいた。彼が書いたのは次の英文である。

> I think a "stewardess" being called a "flight-attendant" in Japan, too is good. ……………………………………… ②

②では、"stewardess" が、動名詞 being called (「呼ばれていること」の意味上の主語である。これは、まさに動名詞の意味上の主語の理論どおりに英訳したものであるが、あまりにもきれいに1つの節が動名詞化されているので、かえって新鮮に感じられた。早速 ALT に確認をとるのも面白いと思い、ALT のセシリア・コンプトンに聞いてみたところ、「OK である。」ということであった。

動名詞の意味上は、代名詞の所有格だけではないことが改めて確認されるのであるが、先の分詞構文で見たように、なかなか英文法の理論通りにはいかな

い例をいくつか見せられている私たちには、かえって英文法に素直に従って英語を書くことに一種の不安を感じることがある。そのような不安をあまり抱く必要はないことを、私はこの生徒から教えられた気がするのである。

25 接続詞 "as"、"because"、"since" および "for"（理由の接続詞）

　理由を表す接続詞としてよく知られているのが、"as" "because" "since" "for" である。このうちで最も日常会話で用いられているのが、"because" のようである。しかし、複数の ALT（ストラスディンズ、コンプトン）が証言しているように、文頭に持ってくるのはよくない。また、コンプトンによると、"as" は会話としては、今ひとつしっくりこないのだという。以上のことを授業で扱った例文で示してみる。

　I was absent from school because I had a headache yesterday.··①

　Because I had a headache, I was absent from school yesterday.(?)··②

　I was absent from school as I had a headache yesterday.(?)
　··③

　また、ペザーによると、次の "for" はあまりにも形式的過ぎる。

> I felt asleep for I forced myself to read books after I had worked hard all day. ··· ④

26 "Did you～?" と "Have you～?" の違い（過去と現在完了）

"Did you～?" と "Have you～?" の違い。これは、高校生をはじめ、多くの英語学習者が長らくその理解を曖昧としたまま放置していることにおいて、古くて新しい問題だと言わざるを得ない。なんとなくわかっているのだが、この違いを具体例を挙げて明確に説明できる人は、社会人の中にも意外に少ないと思われる。

私もそのうちの1人であった。ある日の午後、私の勤めていた高等学校の図書館でこのことが話題になった。司書の先生が、「"Did you～?" と "Have you～?" の違いがわからないまま、長年この問題を放置していた」と告白したのである。「実は私もそうなのだ」と言った後、私は、ちょうどその場に居合わせたペザーに、長年の懸案を解決をするチャンスとばかりに、これについて聞いてみた。

彼女は、次の2つの例を挙げて説明してくれた。

> Have you eaten your lunch? ··· ①
>
> Did you eat your lunch? ·· ②

彼女によると、①の意味するところは、「今、あなたはお昼ご飯を食べ終えましたか？」「（さきほど食べようとしていたけれど）もうお昼ご飯を終えましたか？」ということである。つまり、今食べたところであるかということを発話

者は知りたいのであるという。

　②が発話される場面は、例えば、母親が夕方帰ってきた子どもに、お昼のお弁当をちゃんと食べたかどうかを確認するときを考えればよいという。母親が知りたいのは、子どもが今食べ終えたところであるかどうかではなく、お昼の時間に子どもがお弁当をちゃんと平らげたかどうかということなのである。そこに"Did you"という過去形が使われる理由がある。

　私は、この2つの例の意味の違いがわかったとき、はじめて"Did you 〜"と"Have you 〜"の違いが自分の中で明らかになったような気がした。改めてALTの存在に感謝をするとともに、具体例とともに英文を考えることの大切さが身に染みたものである。

27　"The days are getting longer."と"The days have been longer."の違い（現在進行形と現在完了）

　生徒たちの間では現在進行形と現在完了形の違いについても曖昧になる傾向があると思う。例えば次のような場合である。次の2つの英文のニュアンスをALTに聞く機会があったので報告したい。

　　The days are getting longer.……………………………………①
　　日が日に日に長くなっています。

　　The days have been longer.…………………………………… ②
　　日はこのごろずっと長くなってきていました（が）。

　①は、日に日に長くなってきていて、明日も長くなることを含意するという。

②は、今まで長くなってきたということだけを意味し、これから先どうなるかについてはまったく言っていないという。①②について彼は微妙なニュアンスを語ってくれたが、同時に彼が現在進行形と現在完了の完了の意味の本質的な違いを的確に押さえていることを私たちは見て取ることができる。①の説明からは、明日も日が長くなることを含意するとしながら、現在も刻一刻と日が長くなりつつあるという、現在進行の状況が明確に語られているのがわかる。②の説明からは、これから先のことはいっさい言っていないということにより、過去のあるときから今までの出来事に言及するという、現在完了の最も大切な特徴がなくも明らかにされていることがわかるのである。

実はこの例のように、ALTが学校英文法の理論が正しいことを裏付ける証言をすることは非常に多い。そして、それがカバーしきれないと思われる微妙なニュアンス、いわばその隙間を埋めると思われる事柄を彼らが折りに触れて語ってくれることが多いことも事実である。

28 "where＝in which" はすべての場合に成立するのだろうか？（関係代名詞・関係副詞）

"where＝in which" これは、高校生として高級な知識のうちの1つであろうと思う。こつこつと英語学習を積み重ねてきた生徒たちの多くはこの知識を獲得している。しかし、そのような生徒たちの中でも、"where" は、"at which" や "on which" にも書き換えられる場合があることを正しく理解している生徒は意外に少ない。このことの背景には、英語の規則を正しく理解することではなく、一般的な知識を正確に暗記することに多くの時間を費やさなければならない生徒たちの姿が目に浮かぶ。

このトピックでは、"where ＝ in which" というのは、一部の言語現象をカ

バーするだけでしかないのだということを言おうとする過程で、ALTのさまざまな証言によって迫ることができた英語の真実の姿の一端を紹介したいと思う。

　私が今までに出会った複数のALTによると、関係副詞"where"の意味は"there"（そこで）である。だから、"in""at""on"が場所を表す前置詞であるとすれば、"in which""at which""on which"は、"where"とほぼ同じ意味を表すために、それぞれ"where"に置き換え得ると考えられる。次の例の太文字部分は"where"に置き換えられる。

　　This is the sea **in which** a lot of big ships sail.………①
　　ここはたくさんの大型船が行き交う海です。

　　This is the earth **on which** a lot of wild animals live.…②
　　ここはたくさんの野生生物が住む大地です。

　　This is the bridge **at which** Kennedy was assassinated.
　　………………………………………………………………③
　　ここはケネディが暗殺された橋です。

　しかし、いずれの例文においても太線部では、"where"が使われるのが普通であるという。次の例においても太線部では"where"を使う方がよいという。

　　This is the sea **in which** a lot of wrecked ships sink.………④
　　ここはたくさんの難破船が沈んでいる海です。

　　This is the earth **in which** a lot of mines are laid.………⑤
　　ここはたくさんの地雷が仕掛けられている地面です。

This is the restaurant **in which** she works.……………⑥
ここは彼女が働いているレストランです。

This is the bench **on which** the cat often lies.……………⑦
これはその猫がよく横になっているベンチです。

　以上の例から、"in which""at which""on which"が「そこで」の意味を表すと考えられる場合は"where"と言うのがよいと生徒たちには言ってしまいそうである。
　しかし、安易に一般化しようとしてもできないのが英語である。ウィリアムズによると、次の例の"in (on) which"は、"where"に置き換えることができない。

This is the notebook in (on) which his signature is written.……………………………………………………⑧
これは彼の署名入りのノートです。

　"where"は「そこで」という意味である。言い換えれば、「その場所で」ということである。だから、"notebook"の後に"where"を接続できないということは、"notebook"が場所として認識されていないことを意味する。関係副詞"where"は場所を表す名詞に接続するという、"where"の1つの重要な規則は一筋縄ではないことを実感できた瞬間であった。ちなみに「引き出し」("drawer")は、場所と認識されるらしい。次の"**in which**"は、"where"に置き換えられる。

This is the drawer **in which** there are many diamonds.
………………………………………………………………⑨

これがダイヤモンドがたくさん入っている引き出しです。

少なくとも、このように証言したウィリアムズは、「引き出し」を場所と認識しているのである。次の例では、一見したところ"where"が「場所」を受けているとは思われない。

I believe high school is **the age where** students are at their highest creative point.・・・・・・・・・・・・・・・・・・・・・・・・・・・・・・・・・・・⑩
私は、高校時代は、生徒が最も創造性に富む時代であると信じる。

　この英文は、フクマが私に語った言葉である。"the age"（時代）という時を表す言葉が、「そこで」という、場所を表す言葉で受けられている。関係副詞whereは、"there"の意味だということは、繰り返すように私の知るALTの一致する意見であった。だから、この"the age"は、この場合、1つの時間的な空間ととらえられているのではないかと思われる。この現象自体はよく知られていることであるけれど、当時の私も含めて"where"は「場所」を指すと思い込んでいる英語学習者には新鮮な発見であろうと思う。同じような例として"**future**"（未来）や"**conditions**"（条件）も"**where**"で受ける。
　"in which = where"これは、ある意味で便利な知識である。しかし、これを覚えているということと、これを正しく理解しているということは別である。すでに見たように、"where"が"at which"や"on which"に書き換えられる場合もあるし、"which"の意味によっては、"in which = where"そのものが成立しない場合すらある。特に後者の場合を考えるとき、英語を母国語とするALTの感覚はとても参考になると思われる。英語を正しく理解するためには、学校文法の正しい理解とALTによってそれを可能な限り検証していくことが大切であることが、"in which"と"where"の関係を考えることによって改めて示されたかのようであった。

29 "whatever he may say 〜,"と"whatever he says 〜,"の違い(接続詞の"whatever")

あるとき次の2つの文の違いは何かと質問をしに私のところへやって来た生徒がいた。

　　Whatever he **may say**, it is a lie.……………………………… ①
　　彼が何を言おうとも、それは嘘です。

　　Whatever he **says**, it is a lie.……………………………… ②
　　彼が何を言おうとも、いつもの通りそれは嘘です。

言われてみればもっともな疑問であることに気づく。正直言って私は彼女に説明することができなかった。例によってALTに聞いておくと言ってその場をしのいだのである。
　ALTによると、②は彼が嘘つきであるという前提にたって発言されているという。彼には嘘をつく習性があるというのである。①にはそのような前提はないが、あることが生じてそれについて「彼が何を言おうとも嘘になってしまう」という状況があるということであった。"may say"が"says"というように現在形になると、これだけ意味に違いが出る。ALTに言われるまで私は気づかなかった。

30 同格の"that"が接続する名詞（同格の"that"とそれを従える名詞）

同格の"that"は、"抽象名詞＋that 節"（「that 以下という抽象名詞」）の形の中で現れ、意味は「"that 節"という」となる。学校英文法では同格の"that"はこのように定義する。しかし、同格の"that"を従える抽象名詞の選択は英語学習者にはなかなか難しいのである。高校生もこの定義をもとに英作文をする。この場合抽象名詞が、学習参考書の例文によく出てくる、"fact"、"idea"、"rumor"などであればよいのだが、中には同格の"that"との接続が可能かどうか判断しかねるものが使われている場合があるので、そのことの確認のため教師は辞書に拠り、それでも確信が持てない場合は ALT に頼ることになる。

例えば次の文における、"answer"と"that 節"の接続が一般に可能かどうか判断することは難しいのではないだろうか。これも高校生が一生懸命に考えて作った英文である。

I want to get the **answer that** she will give my money back soon.·· ①
私は彼女が私のお金をすぐに返すという返事が欲しい。

ALT によると、この接続は受け入れられる。ALT は確信をもって言うのであるが、正直言うと私はまったく確信をもって判断できなかったのである。
次の例の"plan"は同格の"that"節を従えているものとしてかろうじて認定されるという。

There is a **plan that** she is coming to Japan soon.(?)··· ②
彼女が日本にやって来るという計画がある。

しかし次の "effort" は同格の "that" 節を従えているものとは認定されないという。

We made an **effort that** we tried not to waste money.*
……………………………………………………………………………… ③
試訳：私たちはお金を無駄にしないようにするという努力をした。

 同格の that 節が接続可能な名詞は、英語学習者にとっては、それを知識として獲得していない限り、それと判断することはやはり難しいのではないだろうか。少なくとも ALT のように確信をもって判断することはできないのではないかと思うのである。こつこつと実際に使われている英文から記録したり ALT に聞くことでそれを知識として獲得することによってそれが判別ができるようになると思われるのである。
 次の例は、ある新聞記事からの引用であるが、"stories" が同格の "that 節" を従えている。私はこのことは記録しておくに値すると思う。

Boonsi said the **stories that** the company's men had denied access to searchers were untrue,…………………… ④
　　　　　　　（10/03/2005, *The International Herald Tribune*）
ブーンシは、その会社の社員が調査人に会って情報を提供することを拒否したという話は真実ではないと言った。

 他に同格の "that 節" を従える名詞としては、"assertion"、"notion"、"assurance"、"illusion"、"proof"、"evidence"、"prediction"、"knowledge" などがよく新聞紙上を賑わしている。

31 "We have only three minutes before the test begins." を "There are only three minutes before the test begins." と書き換えられるか？ ("there is (are) 〜" = "we have 〜" の限界)

　一般に学校現場では、"there is (are) 〜" 構文は "we have 〜" に書き換えられる、と教えられる。しかし、この公式から逸脱する例はある。例えば次のような文である。

　　We have only three minutes before the test begins.……①
　　そのテストが始まるまでたった3分しかない。

ボーガンによると、①は次の文には書き換えることはできない。

　　There are only three minutes (for us) before the test begins.*……………………………………………………………②

　彼によると、②ではどうしても「私たちにはたった3分しかないのだ」というニュアンスが出ないという。しかも "there are 〜" の〜の部分に "〜 minute (s)" を持ってくること自体が非常におかしいという。"for us" を付け加えても同じであるという。これらの構文についてはさらなる例の比較検討が課題であろうと思われる。なお、別のALTによると、次の2つの文は非文である。

　　There was not what I could do about it.*………………③
　　試訳：それについて私にできることはなかった。

I did not have what I could do about it.*……………………④

これらは、いずれも次のように言うのが正しい。

There was nothing that I could do about it.……………⑤

また、ウェザビーは「"there is (are) 〜"構文の主語に"meters"（距離）をもってくることはできない」と言う。

There were three meters before he reached the goal.*…⑥
彼がゴールに到達する前に 3m あった。

32 "I think that I want to do 〜"（私は〜したいと思う）は非文ではない（I think that S＋V 〜）

「〜したいと思う」を英語に直すとき、よく高校生は、"I think I want to do 〜"と書く。しかし、一般にこの形が模範解答になることはないと思われる。"want"の中に「思う」という気持ちが含まれているということがその理論的根拠になっているようで、私もそのことに賛成するもののうちの1人である。

では、この言い方が英語として使われないのかというと必ずしもそうではない。この形は、「〜したいと思う」という意味から離れてしっかりと英語表現として存在する。ボーガンによると、次の英文は、"I"の気持ちが曖昧である（"vague"）ことを示している。

I think that I want to play tennis.
自分としては、テニスがしたいかなという気持ちがあるような気がします。

一般に模範解答になっていないからといって見捨てられがちな形も ALT によって「新たないのち」を与えられることもあるのかもしれない。私にとっては、"I think that I want to do 〜" は、そのうちの１つであった。

33 "don't happen to do 〜" と "happen not to do 〜" の違い（動詞句のニュアンス）

英語の動詞の適切な使用はなかなか難しく骨の折れる仕事である。私たちを悩ましたいくつかの動詞について紹介したい。

ある日の英作文の授業で、「私はたまたまロンドンにいなかった」という日本語を英語にする問題に出くわしたが、生徒たちから寄せられた解答の中に次のようなものがあった。

I didn't happen to be in London. ……………………… ①

I happened not to be in London. ……………………… ②

①②では、"happen to do" という慣用句が使われている。「たまたま〜する」と訳すことが一般的な慣用句である。2つの文で異なっている点は、"not" の位置であり、①においては、それが直後の "happen" を否定し、②

においては、直後の"to be"を否定していると考えられる。いずれにせよその存在によって確かなことは、"to be in London"という事実がなかったということである。したがって、私を含めた多くの生徒は、①②を「私はたまたまロンドンにいなかった」と訳して、意味も同じだと考えたようであった。

しかしながら、事実はそうではなかった。ウェルズレイによると、この２つの文の意味は大きく違っている。彼によると、①は次のように解釈すべきだという。

　　通常私はロンドンにいない。だからそのときだけたまたま居たというような不自然なことは起こらなかった。(たまたま居なかったのではない。いつも通り居なかった。)

②は次のように解釈すべきだという。

　　ふだん私はロンドンにいるのだが、そのときはたまたまいなかった。

このような意味の差異が生じる原因は、"not"の位置にあるのではなく、"happen to do ～"そのものの意味にあると彼は言う。この動詞句において、動詞に続く部分は「ふだんやっていることではないこと」("an unusual case")でないといけないという。すなわち、"happen"の後が、「たまたま起こること」なのである。だから、①では、"to be in London"（ロンドンに居ること）自体がたまたま起こることであり、通常はロンドンに居ないことを含意する。②では、"not to be in London"（ロンドンに居ないこと）自体がたまたま起こることになるから、通常はロンドンに居るということを含意することになる。

"happen to do ～"（「たまたま～する」）という動詞句は、高校生にとって必要な知識であると思うが、それを公式どおりに受け入れていると、実際の意味

とはずいぶん離れた意味を了解することもあり得る。このようなことを避けるためにも、英語を教える立場にいる人は少しでも上記のような動詞句の根本的な意味を生徒たちに伝えることができればよいと私は思う。そうすることで彼らは、英語を覚えるだけでなく理解しようとする姿勢をよりいっそう身につけていくようになると思うのである。

34 「〜したことがかえって……となる」の「かえって」の英訳は、"do injustice to 〜"（動詞句のニュアンス）

　和文英訳の中でも「かえって〜となる」を英訳することはかなり難しいのではないだろうか。私の経験では、"do injustice to 〜" という表現がそれに一番近い。ウェルズレイは、"do injustice to 〜" は、"not shed light on 〜"、"not shed the best light on 〜" と同じ意味であるとことわっておきながら、次のような例をあげてこの慣用句の説明を試みた。例えば、ある人の思想が、その人の語ったところでは非常に明瞭にその真意が伝わったのだが、それをいったん論文にすると、その真意が見えなくなってしまった、というようなときにこの表現がぴったりなのだという。この場合、"His dissertation does injustice to his thought." と表現するという。私は、このことを、「論文にしたことがかえって彼の思想をわかりにくくした、台無しにした」と理解した。

　実は、彼がこの慣用句のニュアンスを語ってくれたことは、私がジョン・スチュアート・ミルの『自叙伝』のある一文に使われているそのイディオムのニュアンスを尋ねたことに始まる。次のような文である。

"I am, however, inclined to think that my father was not

so much opposed as he seemed, to the modes of thought in which I believed myself to differ from him; that he **did injustice to** his own opinions by the unconscious exaggerations of an intellect emphatically polemical; and that when thinking without an adversary in view, he was willing to make room for a great portion of the truths he seemed to deny." (John Stuart Mill, *Autobiography*)

私は、しかしながら、私自身父と異なると信じていた考え方と考えそのものに見かけほどには父は反対していなかったと考えたい気がしている。言い換えれば、彼は著作をする過程で、論争を猛烈に好む知識人が持つ無意識的な誇張をすることによってかえって自分自身の意見の優れた部分が見えなくなっており、反対するどころか自分と意見を異にする人の目の前で思考を巡らせないときは、譲歩して自分が認めていないように思われた真実の多くの部分を進んで認めたと考えたい気がしているのだ。

私自身「かえって〜する」の英訳は実際にどのように行うのかとても知りたいところであったので、この慣用句の存在を知ったときはとても感激したことを覚えている。

35 使役動詞 "make"、"have"、"cause"、"get" のニュアンス　（使役動詞のニュアンス）

動詞句もさることながら、基本的な使役動詞の意味・用法も難しい。折に触れて使役動詞 "make"、"have"、"cause"、"get" の根本的な意味を ALT に取

材した結果がある。

　　　I made him clean his room.……………………………………①

　　　I had him clean his room.………………………………………②

　　　I caused him to clean his room.………………………………③

　　　I got him to clean his room.……………………………………④

　①〜④の使役動詞のうち最も強制の意味を表すのが"make"であると複数のALTが証言している。"have"や"cause"は、"make"ほど強制のニュアンスはない。これも複数のALTの証言である。ただし、"cause"には、後に続く名詞が原因でその名詞を使役することになったのだというニュアンスがある（ウィリアムズ）。
　これに従えば、③の正確な意味は、「彼が部屋を散らかしており、その責任を取らせるために彼に掃除をさせた」ということになる。"get"は、これらのうちで最も強制の意味合いが弱い。一説には、"ask"に近い（ウィリアムズ）。ウェルズレイが、帰国後私に送った手紙に、"Please get F* and K* to write to me."（注＊：K氏とF氏の名前は伏せさせていただいた）とあるのはこのことの傍証である。私はF氏とK氏を使役する立場にはまったくなく、書いた本人もそのことを了解しているからである。

36 「スポーツをする」の「する」は "do" でよいか？（「名詞」＋する」の英訳の難しさ）

「〜（〜は名詞）する」の「する」という部分を英作するときまず頭に浮かぶのは、"do" ではないだろうか。高校生の英作文を添削していても、例えば「スポーツをする」という英訳は次のようになっている場合が多い。

　　do sports*……………………………………………………………①
　　試訳：スポーツをする

ALTによると、①は適切な表現ではない。実際には、次のように言うという。

　　play sports……………………………………………………②

これの英訳では、他にも次のような例が見られた。

　　I have **enjoyed** many **sports** since my childhood.…………③
　　私は少年時代以来多くのスポーツを楽しんできた。

　　I have **tried** many **sports** since my childhood.……………④
　　私は少年時代以来多くのスポーツを試みてきた。

　　I have **experienced** many **sports** since my childhood.…⑤
　　私は少年時代以来多くのスポーツを経験してきた。

　　I have **been involved in** many **sports** since my childhood.

　　　　　………………………………………………………………⑥
　　私は少年時代以来多くのスポーツにかかわってきた。

　これらのうち⑤の"experience"だけが受け身的なニュアンスがあるという。自分からすすんでスポーツをしてきたわけではないという含みがあるという。
　次の例を見てみよう。これは英作文の授業で出てきたものではないけれども。

　　do the mouth to mouth resuscitation(?)………………⑦
　　口移し呼吸法を行う？／学ぶ？

ALTによると、⑦の"do"の意味は曖昧で、これでは口移し呼吸法を実際に行うのか学ぶのかわからないという。実際にそれを行うということを意味するためには次のように言うという。

　　perform the mouth to mouth resuscitation……………⑧
　　口移し呼吸法を行う。

　このような例は他にも無数にあると思われるので今後とも用例を集めていかねばならない。最後に次の例を紹介しておきたい。これは適切な表現ではない。

　　do the behavior*………………………………………………⑨
　　試訳：その行為をする。

37 "One year ago I was a student who had just become a second grader." において "become" を "been" に置き換えたときのニュアンス（be 動詞「なる」）

3 年生の英語 R の授業で、構文と時制の練習の 1 つとして「1 年前私は 2 年生になったばかりの生徒でした」という文を英訳するという宿題を課したところ、「なったばかり」という部分を "had just been" とし次のように書いた生徒がいた。

 One year ago I was a student who had just been a second grader.(?)……………………………………………………………①

be 動詞には「なる」という意味が確かにある。例えば次のような例。

 It will be dark when you get to your house.………………②
 君が家に着くころには暗くなっているだろう。

 The days have been longer.……………………………………③
 日がこのところずっと長くなってきていました。

①を書いた生徒はこのことをよく理解していたのである。念のためコントラスに①の "had just been" のニュアンスを尋ねたところ、この "been" は、"Have you ever been to TDL ?"（あなたは東京ディズニーランドへ行ったことがありますか？）に見られるような、「行く」という意味を表す "been" のニュアンスが出てしまうので、ここでは "become" とするのがよいということであった。

私は①と②③の"been"に見られるような違いはなかなか納得しがたいものであろう。この生徒にはALTのコメントを伝えたのだが、このことを納得してくれたかどうかよくわからない。英語の持つ、ときに無秩序にも見えるさまざまなニュアンスの1例として彼女が心に刻んでくれることを願うばかりである。

38 "acquaintance"のニュアンス（名詞のニュアンス）

　1997年春、ESSの東大寺野外活動を終えて帰る途中、ボーガンに「次の予定は何かあるのか」と聞かれた。ちょうど会わねばならない人がいたが、友人ではない人物だったので、知人というつもりで、"acquaintance"という単語を使い、そのことを彼に伝えたところ、意外な反応が彼から返ってきた。彼は、少し驚き、「"acquaintance"とはずいぶん"mysterious"（謎めいている）じゃないか！」と言って笑ったのである。その人とは、ある業者の人であったので、その単語を使ったまでであり、必ずしも単語の使い方は間違っていなかったと今でも思っている。しかし、辞書によって単語のニュアンスを見いだすことは難しい。私はそのときはじめて"acquaintance"という単語独特のニュアンスを知ることができた気がしたものである。

　フクマもこの単語のニュアンスについて同様の証言をしている。彼によると、「仕事上だけで知っている人・つき合いのある人」という意味では、"colleague"という単語でよいのではないかということであった。

　また、別のALTによると、関連する単語として"company"は、いわゆる「連れ」の状態にある人を意味する。

　余談ではあるが、仕事など何かの都合で嫌々ながら付き合っている場合でも、"keep company with somebody"と言えるようである。"companion"は、"very close friend"、"lover"を意味するという。

39 "co-operate" のニュアンス（動詞のニュアンス）

　前のトピックと同じESS野外活動の帰りの出来事であったと思うが、私がボーガンに、「新学期からもティーム・ティーチングに協力してください」と言ったところ、彼は、「協力する」という意味で私が使った"co-operate"という単語は聞く人に誤解を与えかねないと言った。彼によると、"co-operate"という単語は、子どもを誘拐された親が犯人との取引に協力するといったような文脈で使われるのだという。このニュアンスも辞書で見いだすことはなかなか容易ではない。私は、それ以来「仕事上の協力」という意味ではその単語を使わないようにしていたが、ボーガンの後任のフクマが言うところでは、仕事で協力するという意味で"co-operate"は普通に使われるということであった。また、ボーガンが言うような意味でも使われることもあるだろうとも言っていた。

　ALTに学ぶ語法や単語のニュアンスは興味深いが、この"co-operate"や"so～that構文"のトピック（PART1-13）で見たように彼らの証言は微妙に異なることがある。このことから言えることは、英単語のニュアンスを知るにはどうしてもALTの力に負うところが大きいが、語感は人によって多少異なるということである。1人のALTに言葉の使い方等にすべての判断を委ねることには限界がある。

　しかしながら、語感についてのALTの証言は貴重である。繰り返すが、第1にそれらを辞書で見いだすことはなか難しいということ、第2にそれらの証言をすべて記録しておくことは、次に同じ単語に出くわしたときにそれがどのようなニュアンスで使われているかを考える範囲を広めてくれるということにおいてである。

40 "optimistic" と "positive" のニュアンス（形容詞のニュアンス）

　決して形容詞に限ったことではないが、英単語のニュアンスを知ることは英語学習者にとっては至難の業である。その単語の微妙なニュアンスを知らないがために本来しっかりと使い分けねばならない2つの単語をあたかもそれらが同じ意味を持つかのように、しかるべき文脈を混同して使っていることも少なからずあるだろう。

　"optimistic" と "positive" という2つの単語も私にとっては例外ではなかった。ボーガンによると、"optimistic" は未来のことに楽観的であるという意味で、"positive" は前向きであるというさまを表すが、必ずしも未来のことについて言っているわけではない。この点が決定的に違うのだという。

　"spiritual" と "mental" という単語についても私はどちらにも「精神的」という単語を当てることで長らく満足を得ていたものだ。だがウェルズレイによると、前者は「神と人間の精神的関係」というほどの壮大な意味を想起させ、後者は、あくまでも "intellectual"（知的）という意味になるのだという。

　このような例は枚挙にいとまがないと思われる。私自身、永遠の課題とも言える。

41 "probably" は「95%」の自信が必要！（副詞・probably の ニュアンス）

"probably" という副詞には、通常「おそらく」という訳語を当てはめる。それはそれでよいのであるが、同じように確からしさを表し、日常よく使われる英語の副詞には、"maybe" "possibly" "perhaps" などがある。ウェルズレイは、これらの推量を表す副詞の中では "probably" が目立って強く、その自信のほどを数値化すると、95% に達するという。私はそのときまで "probably" がそのように確信に満ちた意味を表すことは知らなかったし、ましてその程度を具体的に数値化することなど思いもよらないことであった。それ以後私の授業では、"probably" が登場するたびに、このエピソードが語られ、その訳語には「十中八九」という言葉が当てられることになっていることは言うまでもない。

42 "The mass of the moon is one-eighth as heavy as that of the earth." は非文か？（形容詞の使い方）

形容詞の大切な使命の中に名詞を修飾するということがある。このとき英語学習者を困らせるのは、形容詞と名詞の組合せには許されるものとそうでないものがあるということである。しかもその決定を日本語の感覚によって行うと英語として受け入れられないという結果を招くことも多い。だからどの形容詞がある名詞と結びつくかということをさまざまな英文や辞書の用例によって知ることになるが、それらによっても答えが見いだせない場合私たちが頼るのはALTである。1人の、英語を母国語とする人だけの証言によって英語表現の

適正を判定することは不十分であることを、ここでも今一度肝に銘じなければならないが、自分で実際の用例をどうしても見いだせないという事態に立ち入ったとき彼らから得られた情報は貴重であると言わざるを得ない。このトピックでは、多くの生徒たちによって寄せられたいくつかの難題と、それについてのALTの証言を通して、形容詞と副詞の難しさを紹介したい。このことについては、トピック40、41ですでに言及してきたが、ここではそこで扱われたもの以外の例を議論したい。

　例えば、次の英作文問題で使うべき、「大きい」を表す形容詞は、私や当時の生徒たちをおおいに悩ましたものである。

　問：月の質量は地球の8分の1の大きさだ。

　生徒たちからは、4つの候補があがった。"heavy" "much" "large" "great" である。このうち "heavy" は不適であるという（ウィリアムズ）。

> The mass of the moon is one-eighth as (much/large/great/heavy*) as that of the earth. ……………①

　これと同様に、次の問題の「大きい」を表すのに適当な形容詞の判定にも苦労した。

　問：月の引力は地球の6分の1の大きさだ。

　これについても、4つの候補があがったが、同じALTによる、その適正さの判定結果は次のようなものである。

> The gravitational force of the moon is one-sixth as (much

/strong/great/large*) as that of the earth.……………②

「大いに誇りを持つ」と言うとき、"pride"の前にどのような形容詞を持って来るかという問題も難しかった。これに関しては、ウィリアムズの実姉デボラ・ウィリアムズの協力を得て、次のような判定結果を得た。

He takes (a lot of / great / big* / high* / much*) pride in～
……………………………………………………………③

③の一連の形容詞の中では、日本語で言う「誇り高い」にあたる、"high"が不適であることが特筆に値すると思う。"big"や"much"もふさわしくないという。

最後に「騒音が大きくなる」というときの「大きい」にあたる形容詞を探究した結果を記しておく。ボーガンによると、次のようである。

英作文問題：その車は速く走れば走るほど騒音が大きくなった。

As the cars ran faster, the noise grew (larger/louder/bigger*)………………………………………………………④

"big"は簡単なようで難しい。次のトピックは形容詞の問題ともおおいにかかわるのであるが、副詞の使い方の難しさの例である。

43 "I make a bow deeply." は非文か？（形容詞、副詞の難しさ）

次の例は、私が形容詞とともに副詞の難しさを痛感した例である。

 I make a deep bow. ……………………………………… ①
 私は深く礼をする。

 I make a bow deeply.* …………………………………… ②

生徒たちにとっては、なかなか①のようにするのは難しいようだ。どうしても日本語の「深く」につられて"deeply"とやってしまう。しかし、ウィリアムズによると、②は非文。これには私たちは少し驚いた。さすがに私は②を誤答とすることはできなかったが、次の例によってさらに驚きは増した。

 I make a quick decision. ………………………………… ③
 私はすばやく決断をする。

 I make a decision quickly. ……………………………… ④

②と④において、前者が非文で後者はそうではないということの理由を私は説明できない。このような事実に遭遇するたびに、正しい英語を身につけるということは本当に気の遠くなりそうな作業であることを実感せずにはいられない。②も、同氏の言う、"equation"（PART1-5参照）の例なのであろうか。
 最後に、形容詞に関して、興味深いと思われる例を記してこのコーナーの終わりとしたい。次は、以前にもあげた例である。

She made her record faster by 0.3 seconds.* ……………⑤
試訳：彼女は自分の記録を 0.3 秒速めた。

前述したように、ウィリアムズはこれを非文とした。周知のように、⑤は第5文型であり、"her record" と "faster" の間には、主語・述語の関係がある。これはネクサスと呼ばれるもので、柴田徹士先生（1960）が詳述されているように、「意味上、文に相当する形」である。詳細は、先生の歴史的著書『英文解釈の技術』（金子書房）において、この概念が扱われている部分（p.82〜p.85）に譲らせていただくこととするが、⑤が非文であるとすると、次の文も非文であることを想定せざるを得ない。

Her record this year is faster than last year's by 0.3 seconds. ………………………………………………………⑥
今年の彼女の記録は去年の記録より 0.3 秒速くなった。

ところが、ウィリアムズは⑥は非文ではないと言う。このようなことに触れるたびに私たちは英語の奥深さを感じずにはいられない。

44 "likely" について（形容詞）

ある日のバスケットボール部の練習試合での出来事であった。ある選手が「このユニフォームはどうやらうちのチームのものだ」と英語ではどう言うかと私に聞いた。その生徒は英語に関心があったようで、よくこの種の英作文の質問をした。できるだけ正確にわかりやすい英文を答えるように心がけていたが、その時は "likelihood" という、生徒たちにはあまりなじみのない単語し

か浮かばなかったので、とりあえず次のような英文を答えとして、不興を買うことになった。

> The likelihood that this uniform belongs to our team is very high. ……………………………………………………………… ①

帰宅して、次のようにいくつかの解答例を作ってみた。

> This uniform is very likely to belong to our team.(?) … ②

> The possibility that this uniform belongs to our team is very high.(?) ……………………………………………………… ③

この3つの例文を作ったところで、いつものように私の頭に1つの疑問が生じた。すなわち、どの文が最も自然な英語なのだろう、という疑問である。翌日、ボーガンに聞いてみたところ、次の文が最も自然だということであった。

> This uniform likely belongs to our team. ………………… ④

しかも、②と③は英語としては"awkward"であるという。私が最初に答えとした①は意外に健闘していたようであるが、その時私の頭の中を駆けめぐっていたことは、同格の"that"の制約である。ここにあげた例のうち、①と③に見られる"that"が同格の"that"と言われるもので、後に節を従えて"fact"や"idea"などの抽象的な意味を表す語に接続し、一般に「～という」という意味を表す。

しかし、この説明は決して誤りではないが十分ではないということは、英語の学習者なら誰もが知っている。同格の"that"が接続する語が、「抽象的な意味を表す語」というだけでは、その語を選択する明確な基準には成り得ず、む

しろその選択の際に、学習者をしばしば不安に陥れる結果となっている。

　この問題を解決する方法は辞書や新聞などの活字から実際の例を記録し続けるか、ALTの意見を求める以外にはないように私には思われるのだが、このことについてはPART1-30で述べたとおりである。

45　偶然お店が閉まっていた！　そのことは"unlucky"だと言えるか？（形容詞"unlucky"）

　ALTによると、"unlucky"という言葉は、予想のできる範囲の事柄には使うことができない。例えば、行きたいカフェテリアが当日閉まっていたとする。そのことについて、"unlucky"なことだと言うことはできないのである。なぜなら、カフェテリアの休日の曜日や営業時間はすでに公開されているから、当日開いているかどうかはもうわかっているはずだからである。幸運か不運かの問題ではないというのである。すなわち次の文は非文である。ただしこれは私の作文であった。

　　It was unlucky that the shop was closed.*
　　そのお店が閉まっていたとはついていなかったなあ！

　では、何日も前からピクニックの計画をしていて、その当日雨が降っている場合はどうであろうか。この場合は"unlucky"と言える。何日も前からその日の天気を予想することは不可能だからである。同じALTは、同じような例として、

　　If you invest all of my money to a company and it goes bankrupt, you can say you are **unlucky** because the

bankruptcy of the company is **unpredictable**.
もし君が持っているお金すべてをある会社に投資してその会社が破産すれば、君は自分は不運だと言える。なぜならその会社の破産は予測できないことだからである。

と言い、自分が投資した会社が破産したことについて"unlucky"と言えることを述べている。
　最後に、念のため私は、まったく偶然に行きたいお店が閉まっていた場合についてはどうなのか興味が沸いたので、

But if you have planned to go to a cafeteria for one month and you find out that it happens to take holidays on that day, can you say you are unlucky because it doesn't usually take holidays?
しかし、1か月前からあるカフェテリアに行く計画を立てていて当日偶然閉まっていたときは、不運なことだと言えないか？通常は休んでいないのだから。

と聞いてみたところ、「そのような場合は確かに不運なことではある。しかし、このような場合にも、"unlucky"とは言わない。」という。どうやら、元来この言葉は人智のまったく及ばない事柄について使う言葉であるようだ。たとえまったく偶然に閉まっていたとしても、閉めた本人はあくまでもその店の主人であって、そのこと自体天気などの人智の及ばない自然現象ではないのである。

It happened that the shop was closed.
偶然にもその店は閉まっていた。

が無難である。

46 「父は母と同じくらいよく台所に立つ」の「同じくらいよく」に"as same times as"―台所は２つ必要！？（形容詞"same"）

形容詞"same"の使い方も難しい。英作文の問題で次のようなものがあった。

英作文問題：父は料理が好きで、「１週間に母と同じくらいよく台所に立って料理する。」

「同じ」につられて"as ～ as"構文の、～の部分に来る形容詞に"same"を使う生徒が多くいた。次の英文がその典型的な例である。

My father likes cooking. During the week he cooks as same times as my mother does.……………………………①

しかし、ボーガンによると、"same"を使うと、この家には台所が２つあることになるという。このことはALTに言われるまでなかなかわからないことではないかと思う。同氏によると、この問題の意味を正しく表す英語は次の文である。

My father likes cooking. During the week he cooks as many times as my mother does. ……………………………②

My father likes cooking. During the week he cooks as often as my mother does.……………………………③

次のトピックも"same"の例である。

47 「～と同じようにする」は "be the same as ～" で良い（形容詞 "same"）

次の英文は、ある生徒がヘレン・ケラーの自伝の一部を読んだ後で書いた感想の引用である。

If I can't see, hear, speak, I can't **be the same as** she.…①
もし私が目が見えず、聞くことができず、話すこともできなければ、
彼女と同じようにすることはできない。

ボーガンに①を見てもらったところ、良い文であると彼は言った。"same"もなかなか便利な単語であるというのが率直な私の感想であった。

48 "all" のニュアンス・その1（形容詞 "all"）

ボーガンの短編小説 The Pine Crest の中に次のように、「非常に印象的な」という意味（同氏）の "all" を含む文があった。

Yes, my brother was a distinct individual with all the
social influence of a fifteen year old…………………………①
そう、兄は目立つ人物で、15才の者が持つとは思えない非常に印象的

なまでの社会的影響力を備えていた。

He had the intimidating lexicon, the gaze that stopped you in your tracks and made you scratch nervously when you lied or portrayed yourself as anything more significant than someone three and half years younger – this applied to me almost exclusively, i.e. not grandfather. He was all this and more………………②
彼の語彙は広く、うっかり彼の前で言葉を発するのは怖くなるほどであった。一度彼ににらまれると、思わず歩くのをやめて立ち止まってしまう。そして、彼に、自分は単に彼より3歳年下の存在ではなくそれ以上の存在なのだと言ったところで、そのような嘘はすぐにばれてしまうのではないかと恐れるあまり頭などを掻いてしまうのがおちであった。このことは、もっぱら自分の同年代の子どもに―当然祖父には当てはまらなかったが―当てはまることであった。彼は非常に印象的なまでにこのように言うのがふさわしく、またそれ以上の存在であった。

これらの"all"には、"very impressive"（非常に印象的な）というニュアンスがあるという。特に、①の"all the social influence of a fifteen year old"（15歳の者が持つとはとても思えない、非常に印象的なまでの社会的影響力）とは、8歳の主人公から見た15歳の人間が「偉大」であり、そのことがいかに印象的であったかということを述べたものである。

49 "all" のニュアンス・その2 (形容詞 "all")

次の例文の "all" は、"from now to the end of my life" という意味になるという。

　　I'll play the piano all my life.……………………………………①
　　私は今から一生ピアノを弾くわ。

なお、次の文は非文であるという。①を次のように書き換えることはできない。

　　I'll play the piano whole my life.*……………………………②

50 "few" と "a few" の違いについて (形容詞)

　"a few" と "few"、これらの正しい使い方も英語学習者必須の学習項目であり、高校教育の現場においてもしばしば登場する。前者は「2～3の」、後者は「(数的に) ほとんど～ない」と教える場合が多いと思われる。ライティングのティーム・ティーチングの授業でこの2つの表現の違いを学習する機会があった。このときのALTのコメントが興味深いものであったのでここに紹介したいと思う。

　エイプリルによると、"a few" の基本的ニュアンスは、"specific"（特定的）である。まず、その意味が具体的に「2～4」という数を表すという。そしてその2～4人 (または2～4つのもの) は具体的に特定でき、しかも、それらの属する範囲は比較的狭い (例えば1クラス) という。次の例を見てみよう。

A few students can run as fast as he.……………………①

　同氏によると、"a few students"は「3人ぐらいの生徒」となる。しかもその3人は具体的にA君、B君などと特定できる。それは、彼らの属する集団が比較的限られた集団に属するからである。ここでは、1つのクラスを考えればよいという。
　では、"few"はどうであろうか。これに続いて"few"ニュアンスを同氏に問うてみた。"a few"が「2〜4」なのであれば、"few"はそれ以下なのか、と。しかし、答えはそれほど単純ではなかったのである。
　次の例を見てみよう。

Few students can run as fast as he.…………………… ②

　同氏は②文を示しながら、その意味を次のように説明した。まず、"few"の意味は「2〜4」というような特定的な意味ではない。「とても少ない」という意味である。しかもその"students"が属している集団がかなり広いものであるという。ここでは、「学校」を考えればいいかもしれないという。場合によっては、「全世界」でもいいというのである。
　"a few"と"few"のニュアンスは決して絶対数の違いにあるのではないことがわかる。ネルソスの意見に従えば、②の文の"students"の数は必ずしも「2〜4」以下ではない。文脈によってはそれ以上になる可能性を秘めている。前者が特定的で後者は必ずしもそうではない。そして何よりそれらが使われる文脈が大きく異なるようである。"a few"と"few"の間にもこれだけのニュアンスの相違があることに驚きを隠せなかった。居合わせた生徒たちも、これらの2つの表現の意味は知識として知っていたと思うが、使われる文脈が大きく違っていて、それによって、"few"が表す数が"a few"のそれを上回ることもあり得ることには思いも及ばなかったのではないだろうか。ALTによって、もうす

でに分かっていると思いこんでいる項目にも奥深い何かが潜んでいることを改めて理解できたという貴重な経験を彼らと共有できたことに感謝したい。

51　"be made of 〜"の能動態は、"make … of 〜"ではない（前置詞）

"be made of 〜"という慣用句は、高校生に必須である。意味は「(何かが)〜でできている」である。例えば次のような文。

　　Their houses are made of wood.……………………………①
　　彼らの家は木でできている。

①を、よく学習を重ねているある生徒が、①を能動態にして次のような英文を作成した。

　　They make their houses of wood.*……………………………②

ボーガンによると、②は非文である。正しくは次のように言う。

　　They make their houses out of wood.……………………………③
　　彼らは家を木で作る。

②は、受動態から能動態へ理論通りに変換されている。しかし、実際には③のように言うのが正しい。これも、今までに折りに触れて指摘してきた"equation"（PART1-5、参照）を示すのであろうか。英語の難しさは前置詞

にもしっかりと見てとることができる。

52 "the poop of the deer" はシェークスピア時代の英語？（前置詞）

奈良県に勤務する ALT とは、奈良公園へ行き、鹿と遊ぶ機会がよくある。あるとき、ボーガンと奈良公園へ出かける機会があった。いつしか鹿の糞の話題になり、私が思わず、「鹿の糞」という意味で次のような英語を言ってしまった。

 "the poop of the deer"……………………………………… ①
 鹿の糞

これを聞いたボーガンは少し驚き、笑いながら「"the poop of the deer" とはシェークスピアの英語のようだ。次のように言うべし」と言ったのである。

 "the deer poop"…………………………………………… ②

仮にAがBの一部、または関連するものとした場合、「BのA」と日本語で言う。これを英語に直すときに、"A of B" とするのが普通であると私は思っていた。①はまさにこの考えによって話された英語であった。
　もしも一般に、ボーガンの言うように、"A of B" の言い方がシェークスピア時代のものであるとすると、"the top of the mountain"、"the light of the end of the tunnel"、"the wordless cry of her soul"（ヘレン・ケラー）、"the life of the blind" などの表現やカーペンターズの Top of the World もシェークスピア時代の英語となってしまうので、このボーガンの意見は一般論ではな

さそうである。ただし彼にとって①は古く感じられるのであろう。

　私見ではあるが、「添上高等学校の校歌」を"the school song of Soekami High School"と言わずに"Soekami High School song"と言い、「ベートーベンのレコード」を"a Beethoven record"などと言っているところからすると、"A of B"の形は次第に隅に追いやられる傾向にあるのかもしれない。これら以外にも、英作文の添削をする中で、"the contents of the book"（本の内容）は、"the book's contents"と言うべきだとか、「その酵素のはたらきは～だ」というときは、"The operations（workings）of the enzyme are ～"ではなく、"The enzyme operates（works）～"の形を使うと私はALTから教えられた。ただし、「世界の気候」と言うときは、"climate of the world"でも"world climate"のどちらも普通に使うという（ボーガン）。いずれにせよこれらの事柄は今後注視していかなければならないもののうちの1つであると思う。

53 「人間として」は、"as a human being"ではない（前置詞）

　ヘレン・ケラーの恩師、サリバン先生についてある生徒が、次のような英文を書いた。

　　She was strong as a human being.*……………………… ①
　　試訳：彼女は人間として強い。

　この生徒は、"as"に「～として」という意味があるのをよく知っている。私も、ボーガンに指摘されるまで、「人間として」という表現は英語には馴染まないことを知らなかった。実際には、人の精神的強さを述べるときは、次のようにいたってシンプルに言う。

She was a strong human being.……………………………②
　　彼女は強い人であった。

　ちなみに次の例もサリバン先生についての生徒の感想文にあったものであるが、この"heart"は肉体的な強さを言っているように誤解される恐れがあるので注意を要するという。
（同氏）

　　Her heart was very strong.……………………………③
　　彼女の心は強かった。彼女の肉体は強かった。

　同様に次の"spirit"、"soul"は性格の強さと取られない場合があるので注意を要する。

　　Her spirit (soul) is very strong.……………………………④
　　彼女の精神（魂）は強かった。

　同氏によると、④は「キリスト教への信仰心が強かった」ととられる恐れがある。

54　「真珠のネックレスをつけてパーティーへ行く」を直訳した場合の「つけて」を意味する前置詞について（前置詞）

　英作文の授業で、「私は真珠のネックレスをつけてそのパーティーへ行きたいものだ」という問題を生徒たちに英訳してもらったところ、その教科書の例

文どおりに、「つけて」の部分を"wear"として、"wear my necklace to the party"としない生徒も少なからずいた。

　そのような生徒が用いる動詞は、日本文の動詞を直訳した"go"である。自然と"go to the party"という述部が形成されるが、こうした場合「～をつけて」の英訳がやっかいである。彼らから3つの前置詞が提案された。すなわち、

go to the party (with/in/on*) my necklace

　ALTは、"wear my necklace to the party"と言うべきであるとことわった上で、これらの3つのうち、"in"がよいという。"with"はなんとか通る、といったところで、"on"は非文となる。ALTにとっても、普段使わない表現のいくつかの候補を示されたわけであるから、なかなかそれらの適正の判断は困難であったに違いない。そのような状況にあっても文意に合う前置詞を的確に判断できるALTはさすがネイティヴ・スピーカーであると言わねばならない。
　次のトピックも前置詞の話題である。

55　「あなたから手紙をもらってうれしい」の「もらって」を前置詞で表現する場合（前置詞）

　生徒たちが「あなたから手紙をもらってうれしい」を英訳するとき、"be happy to do～"の形式が思い浮かばない場合、"to do～"に当たる部分は、「前置詞（句）＋名詞」に頼らざるを得ないようである。例えば次のような作文。

　　I'm happy because of your letter.……………………①

I'm happy thanks to your letter.* ················· ②

I'm happy by your letter.* ······················· ③

いずれもよく考えられた英文であると思う。しかし ALT によると、②③は非文である。次の文は生徒が高級な英語の知識を駆使した例と言えるのではないだろうか。もちろん非文ではないということである。

Your letter makes me happy. ····················· ④

56 「彼は『タイタニック』でアカデミー賞を受賞した」の直訳は"Japanese English"か？（前置詞）

この節でも、日本語からの直訳によってネイティブ・スピーカーが本来使わないところに前置詞を使ってしまうことの是非を紹介したい。ALT によると、「彼は『タイタニック』でアカデミー賞を受賞した」を直訳すると、次のようになるだろうという。

He got Academy Award with *"Titanic."* (?) ············· ①

しかし、実際には、①において"with 〜"の部分が発話されることはないという。次のように言うのならまだよいという。

"Titanic" got Academy Award. ····················· ②

次の例も日本語から直訳をしようとすると、どうしてもネイティブ・スピーカーには馴染まないやり方で前置詞を使うことになる。

> The number of the applicants at Jonai H.S. has decreased.(?)……………………………………………………③
> 城内高校の志願者数は減少した。

ALTによると、"applicants" のあとにどうしても「城内高校の」と付けたいのなら③のように "at" になるだろうという。

以上わずかではあるが、前置詞の使用法の難しさを見てきた。今後ともこのような作業を繰り返し行わなければならない。そうすることによってはじめてより自然な形で前置詞を使用する力が身についていくと思われる。

57 「大人になれば」の「～であれば」は、"if" か？（接続詞 "when" と "if"）

自由英作文では、将来のことについて書いてもらうことも多い。その中でよく登場するのが次のような文である。

> If I become an adult, I want to become a*children's teacher.*……………………………………………………①
> 試訳：大人になったとき、私は幼稚園の先生になりたい。注＊："a children's teacher" は「幼稚園の先生」と理解できる。（ALT）

①の "if" を "when" とするようにと多くのALTが指摘した。ストラス

ディンズは、「大人になる」ことは自然なことだから、とここで仮定の"if"を使わない理由を説明していた。次の例はどうであろうか。ヘレン‐ケラーの自伝の一部を読んだ生徒の感想文のうちの一文である。

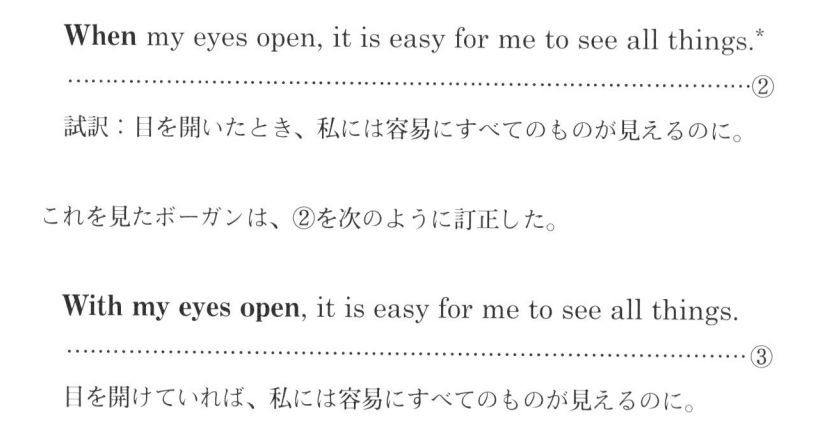

When my eyes open, it is easy for me to see all things.*
……………………………………………………………………②
試訳：目を開いたとき、私には容易にすべてのものが見えるのに。

これを見たボーガンは、②を次のように訂正した。

With my eyes open, it is easy for me to see all things.
……………………………………………………………………③
目を開けていれば、私には容易にすべてのものが見えるのに。

ここでは"when"が不適切と判断されたのであるが、その原因は"when"にあるというより"open"という動詞の意味にあるのではないかと思う。この文脈では、③のように「開いている」という意味を表す形容詞"open"がより適切であると思われる。

58 "You can hardly walk, can you?" とは言うだろうか？ （否定の副詞と付加疑問文）

英語の付加疑問文は、①肯定文とコンマの後に助動詞の否定＋主語をつけて作る。または、②"not"を用いた否定文にコンマの後に助動詞＋主語をつけて作る。しかし、私はある日英作文の添削をしていてふと思った。"You can hardly walk." は、なるほど "not" は使われていないが、その意味は限りなく否定文に近い。だとすると、非常に疲れていて歩けないくらいになっている人に対して、②のパターンを使って次のように言えはしないであろうか。

　　You can hardly walk, **can you**?*……………………………… ①
　　試訳：君はほとんど歩けないね。

　これについての、ボーガンの見解は次のようなものであった。確かに "hardly" は否定の副詞である。しかしここで文の意味を決定しているのは **"can"** である。だから次のようにしなければならないと。

　　You can hardly walk, **can't you**?……………………………… ②

　"can" が文の意味を決定するということは、"You" はわずかなりとも歩くことができる、すなわち "You can hardly walk." は肯定文であるということを意味する。だから、これを付加疑問文にするためには①のパターンに拠らなければならないのである。
　このように私たちは、英文法を貫く一種の冷徹なまでの論理性に折りに触れて気づかされるのである。
　やや蛇足の感があるけれども、ボーガンによる小説に特殊な疑問文があったので参考までに記しておこうと思う。

　　"You're hurting me."
　　"Oh, it hurts, does it?"
　　「痛いじゃないか。」
　　「あ、そう、痛い？」

この"does it"は手前に言ったことを確認しているのだということである。

59　仮定法過去完了のイメージ（仮定法過去完了）

　仮定法は高校生にとって最も難解な表現方法の１つである。私は、仮定法とは、「事実でないことを仮定しその結果起こり得ること、あるいは起こり得たであろうことを動詞の形を変えることによって言う表現方法」とその概念規定をしているので、生徒たちは、仮定法の「法」を表現方法の「法」という意味に理解しているかもしれない。実際には、ここでいう「法」とは、"mood"（＝「（話し手の）心的態度」）のことで、ここでは、「自分の言っていることは事実ではないよ」という意味である。

　仮定法そのものの構文については、先達のたくさんの優れた参考書や専門家による研究書があるので、それに譲ることとして、このトピックでは、あるALTに取材した次の例文のイメージを紹介するにとどめたい。

> In this distance were all the places I could have been.
> ……………………………………………………………………①
> この距離の範囲内に私が行くことができていたはずの場所＊がすべてあった。　注＊：ここで言う"places"（「場所」）とは、プール、野原の真ん中にある森、農場の廃屋、通りの端。実は、この文は、ALT・アリステア・ボーガン氏の短編小説 *The Pine Crest* の中の一文である。

　①の、"I could have been"が仮定法の帰結部分であり、実際には行けなかったことを表している。この、「私が行くことができていたはずの場所」をどのようなイメージでネイティブ・スピーカーはとらえているのかを聞いてみ

た。ボーガンは、これを見たとき、"I"（ここでは、ある少年を指す）という人の背後にその"places"すなわち、訳注で示したプールなどが写っている写真を頭の中でイメージする、という。自分の頭の中で直接それらのものをイメージするのではなく、あくまでも"I"が見ていたであろうものを何か間接的にイメージするということであろうか。仮定法らしいややわかりづらい面があるが、これがネイティブ・スピーカーの持った仮定法過去完了の具体的なイメージの一例であった。

60 "of vitality"="vital"ではない（"of ＋ 抽象名詞"）

"of ＋ 抽象名詞"は、その抽象名詞の形容詞形と同じ意味を表すことがある、と言われる。次のような例が代表的である。

 of use ＝ useful
 of importance ＝ important
 of interest ＝ interesting

私たち英語学習者は、抽象名詞に出会ったとき辞書を丹念に見て、その名詞にこの形式を適用することができるかどうかを調べなければならない。もし"of ＋〜"の項が見いだせないのなら、その抽象名詞にはこの形式を適用することができないと理解してよいのではないかと思う。しかし、一方でこの形式が学校現場で教えられている限り、英語教師はいつか次のような文を生徒達が書いているのを発見することがあるに違いない。これも実際にある高校生によって書かれたものである。

He is of vitality.*……………………………………………………… ①
　　　試訳：彼は活気に満ちている。

　辞書で、"of vitality"について言及するものは私の周囲にはない。だから、このような言い方は不適切と言って差し支えないであろう。しかし、ALTによると①はやはり非文である。彼はさらに次の文であっても間違っていると言う。

　　He is vital.*………………………………………………………………… ②
　　　試訳：彼は活気に満ちている。

しかし、別の生徒が書いた次の文ならよしとする。

　　He is full of vitality.………………………………………………… ③
　　　彼は活気に満ちている。

　何度も言うことであるが、このようにALTの意見は学校英文法の隙間を埋めるに過ぎない。しかし、彼らによってもたらされた②③のような情報は貴重である。このようなことからも"of＋抽象名詞"の形式についても、折りに触れてこの形式を許す例と許さない例をALTの意見を参考にしながら収集していきたい。

PART 2

ALT との会話編

　PART2 では、日本人が話す英語の中で特に ALT が違和感を感じるとして、私が彼らから直接指摘されたもののいくつかを紹介したい。表現はなるべく基本的なものから順番に配列したつもりである。「あ、よく聞く言い回しだ」というものがあれば自らの経験と比較検討してもらいたい。英語を学ぶ人にとって少しでも参考になることを願う。

1 「今は1月です」を "It is January now." と言えるか？

「今は1月です」を英語で言うと、正しくは次のようになる。

　　　We are in January. ……………………………………… ①

しかし、これがなかなか高校生の英語とはなっていないのが現状ではないだろうか。高校生の書く英文としては次の例の方が多いだろう。

　　　It is January now. ……………………………………… ②

時の "it" がしっかりと応用されている立派な英語である。しかし、この英

語が実際に英語として受け入れられるのかどうかを、ボーガンに聞いてみた。結論は、英語表現としては適切ではないが意味はよく理解できる、というものであった。

2 "Some people are interested in physically challenged people." の違和感

1997年春、ESSの校外活動の帰り、ボーガン（カナダ、トロント出身）とクラブ活動について話をしていたところ、私が勤務している高校のボランティア・サークルの活動内容が話題となった。私は、そのクラブに入部する生徒たちの動機について言及したとき、「身体に障害をもっている人々に関心をもつ生徒もいる」という意味で、図らずも次のような発言をした。

"Some students are interested in physically challenged people."

これを聞いて、即座に彼は、少し不快な口調でもって、次のように反応をした。

"I am not interested in physically challenged people at all."
自分はまったく身体障害者に関心はない。

私は、この一見唐突とも思われる彼の発言の意味を一瞬はかりかねたので、その真意を尋ねたところ、彼は逆に、もう一度同じ発言を繰り返した後、逆に「君が障害者に関心を持つという表現をすること自体、日本の社会が障害者を

隅に追いやってきた証拠ではないか。」と私に問いかけた。彼は、「カナダでは、社会が障害者に対してより開かれた環境にあるので、障害者に関心を抱くというほどに彼らを意識することはない」と言いたかったのである。そのような意味で、彼の発言はとても逆説的である。私は、このことについて彼に同意するしかなかったのだが、自分の障害者に対する意識を反省した。同時に言語表現には、自分の潜在的意識の他に社会的な背景が微妙に反映することを感じたのである。そして、その表現が、異文化を背景とする人に、時として想像以上に大きな違和感をもって受け取られることを痛感した。

3 "Yes. Yes. Yes." は、"condescending" or "patronizing"（いばっている）

　1992年のある日、私は、ウェルズレイに文法事項を尋ねていて、彼の回答を聞いていたが、無意識のうちに、"Yes. Yes. Yes." と何度も繰り返していたようである。私自身、「それぐらいのことは知っている。早く質問の核心に触れてくれ」と言わんばかりに、このような相づちをうち続けていたように思う。そのことが、彼の逆鱗に触れてしまった。彼は、「何度も "Yes" を繰り返すものではない。それは、非常に "condescending" "patronizing" である」と言う。早速私はその単語の意味を辞書で確認し、その真意を彼に聞いたところ、彼は、自分たちイギリス人は人と対等のつき合いを常に望んでいる。一方のものが、"Yes" と繰り返し言う様は、明らかにその者が、相手を見下していることを意味し、その人に対していばった態度をとっていることになるのだ。だから、そのように言うのはやめよ、と言ったのである。もちろん私は彼に対して目上の存在であると考えたことはなかったが、「その程度のことは、わかっている、わかっている」と思いながら彼の説明を聞い

ていたのは事実であり、その気持ちが、はしなくも"Yes"を繰り返すという言葉遣いに現れたのだと思う。実際、日本語でも、「はい、はい、はい」と繰り返すことは、そんなことぐらいわかっている、というような横柄な言葉遣いである。

　当時の私は、「イギリス人の国民性」のようなものに触れさせてもらったことは貴重であったと思いつつも、そんなに怒らなくてもいいのに、という気持ちを少し持ち合わせていた。私ごとで恐縮であるが、帰宅後自分の予備校時代の恩師にこのことを報告すると、「君は本当に良いALTに出会ったね」と言ってくださった。これ以降私は2度とこのような相づちを使わなくなったことは言うまでもない。今ではとても彼に感謝している。

4　"Excuse me."は、「すみません」か？

　ALTに英語の語法などを質問する際に、つい私は、日本語の「すみません」のつもりで、"Excuse me."を多用するが、ボーガンによると、これはよくない。このような場合は、"I have a question."と話しかけるだけでよいという。質問をするときは、ほとんどの場合、相手が何かをしているときなので、私の経験では、"May I interrupt you?"は有効かもしれない。しかし、私自身この忠告を忘れ、ほとんど無意識に、質問の前に他のALTに"Excuse me."と言っていたように思う。あえてこの誤りを指摘したのは、ボーガンだけであったが、他のALTも同様に違和感を持っていたとすればよくないことをしていたと今更ながら反省している。

5 "Don't mention it." と "Don't mention that."

　場面は違うが、「どういたしまして」という意味で、"Don't mention it." という表現がある。これを、うっかり "Don't mention that." と言ってしまったところ、ウェルズレイは、これを聞くや否や、「"that" ではなく "it" だ」と強く私をたしなめた。

　どうしてあんなに強く言ったのだろうかと私は、その夜前述の予備校時代の恩師に相談をした。その恩師によると、おそらくジュリアンは、"Don't mention that." を、「もうそれについては言及するな。もうそのことについては触れないでくれ」といった意味で受け取ったのだろうということであった。これでは、「どういたしまして」とはまったく違う意味になる。彼が怒ったのも無理のないことだったのかもしれないと今となって思う。

6 "though～" のマイナスのニュアンス

　ストラスディンズは、「譲歩節 "though" を否定文に用いることを好むことが、日本人英語の1つの特徴である」という。次のような例がそれに当たる。

> He is conscientious, capable and always diligent though he may not be conscious of this. ……………… ①
> 彼はまじめで、有能であり、かつ常に勤勉であります。このことに彼は気づいていないかもしれませんが。

この一文は、かつての ALT、ボーガンのために私自身が作成した彼の紹介文の中の一文である。その英文をストラスディンズに見てもらっていたときに、彼は、「なぜ日本人は "though" の節を否定文にしがちなのだろう」と言ったうえで、①の "though 以下" を次のように訂正した。

　　"more so than he is aware" ……………………………………… ②
　　彼が意識している以上に

　このことと、彼が言うところの、日本人的 "though" の使い方からどのような論考が成立するかは、私自身の言語的経験が不足していることから、未だ明らかではない。現状では、その意見の真偽を確定することさえ難しい。今後、"though" 節の否定文の是非を多くの ALT に問いかける必要があるという問題提起をすることにとどめておきたいと思う。

7 「面白そうだから」は、"Because it looks happy." とイコールではない

　OC の授業で、生徒たちと英語で問答していると、あまり論理的とは言えないが、彼らがごく普通に使っている言葉をそのまま英語に持ち込まれる場合がある。「面白そうだから」とか「面倒だから」といったような言葉もそれらの例である。ストラスディンズによると注意すべきは、できるだけ "interesting" や "tiresome"（「面倒だ」）というような単語よりも、前者には、

　　Because it looks like fun. ……………………………………… ①

後者には、

 Because it takes a lot of energy.……………………………… ②

がよいという。なお、次の文はあまりよくないという。

 It looks happy. ……………………………………………… ③

③は非文ではないが、「興味をそそる」という意味では用いられないようである。私が知る限り、「楽しい」＝"happy"と思い込んでしまっている高校生は多い。
 実際に授業で行った会話例を以下に記す。

【会話例 1】
 A：Do you want to stay at a luxury hotel?
  豪華なホテルに泊まってみたいですか？
 B：Yes, I do.
  ええ。
 A：Why?
  どうしてですか。
 B：Because it looks like fun.
  面白そうだから。

【会話例 2】
 A：Do you walk for your health everyday?
  健康のために毎日歩いてる？
 B：No, I don't.

いいえ。
A：Why not?
　　　どうしてなの？
B：Because it takes a lot of energy.
　　　面倒だから。

　これらは、非常にたあいもない会話であるが、日常語としては成立している。生徒たちに英会話を実体験させるという意味でも、このようなあまり論理的でない会話でも経験させたいものである。

8 "I slept all day."（「1日中寝ていたよ」）は、英会話たり得るか？

　授業の前にALTが生徒たちに簡単な会話を試みるのだが、彼らがよく行う、"What did you do yesterday?" という問いかけに、返ってくる答えの中でよくある例が "I slept all day."（「1日中寝ていたよ」）である。ストラスディンズによると、この答えを聞いたとき、本当に1日中寝ていたのかにわかに信じがたい、と感じるという。このように答えた当の本人も、「1日をのんびりと過ごした」という意味で使っている場合が多いので、その意味ではこの答えは英会話として機能していると言える。しかし、人によっては文字どおり受け取って、"Are you OK today?" などと聞き返させてしまう場合もあるから注意を要するという。もちろん、その人が、当日においても顔色がすぐれないときは、同じような反応が返ってくることは言うまでもないということである。

9　"My hobby is sleeping." は英会話たり得るか？

　これも、OC の授業で、年度初めのあいさつ、特に自己紹介の練習でよく生徒たちから発せられる言葉であった。休みの日など特にすることがないときは昼寝をすることが多く、他に取り立てて趣味と言えるものがないということから言ったものだと思うのであるが、ストラスディンズによると、自分はもう少し違ったニュアンスで受け取るという。端的に言うと、非常に奇妙な言い方であるらしい。彼によると、英語では一般に趣味という言葉に、「寝ること」が結びつくことはあり得ないという。もし自分の説明がわかりにくいというなら、"My hobby is breathing."（「私の趣味は息をすることだ。」）とを言っているのと同じようなものだからよく考えてくれ、と彼は言う。

　この例も、日本語のくだけた会話では何となく通じてしまう、やや非論理的な受け答えが、そのまま英会話となったとき、ネイティブ・スピーカーにはやや異なったニュアンスで受け止められてしまう例であると思う。授業中にこのようなことを ALT に指摘してもらうことは悪いことではない。

10　"What is your hobby?" は英会話たり得るか？

　前段の言葉の前に使われる質問がこれであるが、ストラスディンズによると、この表現はネイティブ・スピーカーの間では聞かれることはなく、この意味では、次のように言うのが普通である。

　　What do you do in your free time?

その理由として彼は自分の考えを述べている。それによると、人の趣味はただ1つとは限らないからである。"What's your hobby?" という表現は、1人の人は1つ趣味を持っている、という妙な前提のもとに発せられたものだと受け取られてしまうのではあるまいか。この意味で、次の表現も実際の英語ではほとんど聞かれることはないと彼は言う。

11 "What type of girl do you like?" はどうして実際には聞かれないか？

彼は、「この質問は自分が生徒たちからよく受ける質問だ」としたうえで、自分にはこの表現がどのように感じられるかを説明してくれた。それによると、この文の "What type of 人" は、英語では日本で考えられているよりも幅広い一般化（"broad generalization"）を意味する。だから、この問いに対する答えとしては、"warm-hearted" な人とか、"arrogant" な人という答え方にしかならないという。しかし、本当の問題はもう1つ奥—答え方そのもの—にあった。

彼は、さらに続けて言う。人は結局いろいろなタイプの人を好むのではないだろうか。現実に1つのタイプを好むということが有り得るのだろうか、と。例えば、次の例を考えて欲しいという。

What type of food do you like?

これも日本でよく聞かれる表現だというが、もしこれに、"I like curry and rice." などと言ってしまうと、これはもう、「カレーだけを好む」ということになり、他の系統の食べものにはいっさい興味がない、ということを意味すると

いう。

　以上のような理由から、"What type of 〜？"という表現は実際の英語では聞かれることはないと彼は言うのである。

12　"I have no time."は英会話たり得るか？

　実は、私自身もかつてこの表現をよく使っていたが、ある日のOCの授業中に、次の会話がストラスディンズと1人の女生徒の間で交わされた。最初の問いは、「まったく運動なんかしない」という女生徒に対して行われたもの。

　　ストラスディンズ：Why don't you do exercise sometimes?
　　　　　　　　　　どうしてときどきでも運動しないの？
　　女 生 徒：Because I have no time.
　　　　　　　時間がないの。

　この答えも、日本語の何気ない会話をそのまま英語にしたものの1例と考えてよいと思う。これの意味は、「忙しくて〜できない」である。しかし、同氏によると、これも不自然である。なぜなら、時間は各人に平等に与えられているからである。しかも、時間を割くことができない理由を言わなければコミュニケーションは成立しないと言うのである。そうでない限り、この返答だけでは、単なる"cop-out"（「言い訳」）になってしまう。本当は"lazy"であるからなのに「時間がないから」と言っているように聞こえると言う。だから、これの代わりに次のように言えば、れっきとした理由となるだろうということである。

"I work from morning till night everyday."

　よく考えてみると、日本語においても「忙しいから」、「時間がないから」では、「どうしてそんなに時間がないのか」とたちまち問いたくなるものである。そういう観点からしても、このような言い方は不自然とする彼の見解は当たっていると思われる。

13　"I have a part-time job on Sunday." は英会話たり得るか？

　"What do you do on Sunday?" も OC の授業等でよく ALT が生徒にする質問である。それに対して次のような答えが返ってきた。

　　"I have a part-time job on Sunday." ……………………… ①
　　日曜日はバイトがあります。

　ストラスディンズは、この表現は、自分にとって日本人が話す英語の "pet-hate"(「英語を母国語としない人々にありがちな不自然な英語」) だという。次のように言えばよいと彼は言う。

　　"I work on Sunday." …………………………………………… ②

次の例も彼にとっては、日本人英語の "pet-hate" である。

　　"I go to my company on Sunday." *……………………… ③
　　私は日曜日に会社へ行きます。

彼によると、③のように言う場合は、④のように言うだけでよい。

  "I work on Sunday." ································· ④
  日曜日は仕事です。

では、これに関連しては、次のトピックでもう少し複雑な例を見てみよう。

14 "I get some money from part-time job." の本当の意味

 これも、OC の授業のフリー・カンバセイションで実際にあった例である。厳密に言うと、後半の "from working part-time job" の部分は私が付け加えたものである。ストラスディンズが行った質問、"What do you do during the spring vacation?" に、ある生徒が、"I get some money … ." とまで言ったところで詰まってしまったので、私が見かねて、その後にこの部分を付け加えた。しかし、同氏は、この場合でも次のように言うだけでよいと言う。

  "I work during the spring vacation."
  春休みにはバイトをします。

 彼によると、標題に掲げた英語は、「バイトをしてお小遣い稼ぎをします」という意味ではない。実際には「私がお小遣いを稼ぐのは、決してお金をどこかから盗むことによってではなく、バイトをすることによってである」という意味を表すのでありまったく然異なる文脈で使われる文だという。働いてお金を稼ぐのは当然であるから、あえて "from working part-time job" と言う

と、この部分が強調されることになりこのような意味合いになるという。目から鱗が落ちるとはこのことだと思った。このことも ALT に指摘されてはじめてその真意がわかる例ではないだろうか。生徒たちの戸惑った表情が今も私の脳裏に蘇る。そのときは、英会話の奥の深さに圧倒され、少々辟易していても、後になってきっとこの経験が活かされるときがくると願いたい。同時にこの願いは私自身にも向けられたものである。

15 "I played with my friend." の危険

次の会話例を見てみよう。これも ALT が OC の授業でよく行う質問と生徒たちがよくする返答例である。しかし、日本語で通じてしまう答えをそのまま英語にしてしまうところにある種の危険性が隠れていることが多いことはよく見てきたとおりである。今回もそのような例を記しておく。

【会話例 1】
　　ALT：What did you do on the weekend?
　　　　　週末は何をしていたの？
　　生徒：I played with my friend.
　　　　　試訳：友達と遊んだよ。

"play" がときにセクシャルな意味で用いられることはよく知られた事実である。この例もそれに当てはまる。ストラスディンズによると、"I played with ～" は幼児言葉である。5、6歳の子どもが言うのなら、これは、そのまま「友達と遊んだ」という意味になる。ところが、これを高校生が言うと、「私は友達とセクシャルな行為に及んだ」という意味になることは知っておか

21　日本人が外国人が話す日本語を賞賛しすぎることに対する、ある ALT の戒め

　1996年春、奈良県立平城高等学校のワンダーフォーゲル部の部会にウィリアムズが現れた。部員たちは、一様に彼の流暢な日本語に驚き、賞賛を込めて惜しみなく感嘆の声を彼に送った。彼の来訪に感動したある1人の部員が歓迎の意味で落語を一席披露した。

　部員と顔馴染みであったウィリアムズは、ワンダーフォーゲル部の部誌に寄稿するように依頼されて、その日の部会にやって来たのだったが、なんと彼はこのときの経験を取材し、文章にまとめて寄稿した。それは次のようなものである。英文は原文のままである。

　I have an African-American friend that has been studying Japanese for almost six years now — at least three of these years he lived in Japan. Naturally, he has become a good speaker of Japanese. To increase his knowledge and appreciation of the Japanese language and culture he enjoys the subtle word play of "Rakugo." Most Japanese people are amazed not only by the fact that he can speak Japanese so well, but he can actually understand "Rakugo." This constant astonishment on the part of the Japanese — after almost six years of study — has become "extremely annoying," he often tells me. Why would he be angry?

　The answer to this question and/or situation is very simple, especially if we compare it to mountain climbing. Life, just as mountain climbing, everyone starts at the bottom and works their way up. Japanese children are not born speaking or understanding Japanese, not to mention "Rakugo." But through time, diligence, study, and living they arrive at speaking and understanding Japanese. Just as the mountain climber starts at the bottom of even the toughest and highest mountain, through hard work, diligence, and perseverance he/she will eventually reach the top. So when we see a mountain climber at the top of the highest mountain, or, a foreigner who speaks Japanese and uses chopsticks, or, a Japanese person that speaks very good English, rather than be surprised or astonished at these events we should stop and think that this person, in every case, started from the bottom (or the beginning) and work their way up. It is through their never-ending fight and will to go on that rendered them success. Thus, to sit in constant awe of such events is rather absurd if you really think about it.

私には、6年間日本語を学んでいるアフリカ系アメリカ人の友人がいる。少なくともこの3年間は日本に住んでいた。当然、彼は日本語を上手に話すようになっている。彼は、自分の日本語や日本文化の知識と理解を深めるために、「落語」という巧みな話芸を楽しんでいる。大部分の日本人は、彼がとても上手く日本語を話せるばかりか、本当に「落語」を理解できるという事実に驚く。このように日本人が絶え間なく驚くことが—ほとんど6年間も学んでいるのに—「嫌でたま

らない」と彼は私によくこぼす。なぜこんなに腹が立ったのだろう？
　この問いに答えること、または、この状況を解決することはとても簡単だ。特に、それらを、山登りにたとえた場合。人生は、ちょうど山登りのように、誰もが基礎的なところから出発し歩んでいく。日本人の子どもだって、生まれたときから日本語をしゃべったり理解していたわけじゃない。「落語」についても言うまでもない。しかし、時とともに、勤勉に学び、生活するなかで、彼らは日本語を話したり理解するようになる。それは、まさに山を登る人が、最も厳しく高い山に登るときでも、一番下から出発し、大変な努力、頑張り、忍耐の果てに頂上を極めるようなものだ。だから、私たちが最も高い山の頂点にいる登山家を見たときや、君たちが日本語を話し、箸を使う外国人を見たとき、あるいは、非常に上手く英語を話す日本人を見たとき、驚きの声をあげるのではなく、むしろ立ち止まって考えてみるべきなのだ。このような人たちも、どんな場合でも、一番下（または一番基礎）から出発し、苦労して前進してきたのだ。彼らに成功をもたらしたのは、やり続けようとする、終わりなき闘争心と意志である。だから、これらのことについて実際このように考えたとき、そんな人たちが成し遂げたことに絶え間なく畏怖の眼差しを向け続けることはむしろばかげていると言えるのである。

　この文章は、ワンダーフォーゲル部の部誌に載せるべき実際の山行記録とは程遠い。言うまでもなく、彼の日本語に対する部員たちの過剰な賞賛に対する彼の痛烈なコメントである。このことは、主に部員たちが在日外国人を十分に理解していないということに起因している。このこと自体問題であるが、このことが、彼らとウィリアムズとの間の相互理解が成立することを妨げる大きな要因となっていることに、その問題の問題たるゆえんがある。
　この文が自分たちに向けられたものであったことを、当時の部員たちがどれ

だけ気づいていたか今となっては知る由もないが、このような事実に遭遇するとき、生徒たちとALTが日頃から会話を重ねること、そして彼ら同士でのコミュニケーションに限界が見える場合は、教師がその間を取りもってお互いの予断と偏見を排除する手助けをすることがいかに大切かということを痛感せざるを得ないのである。

おわりに

　英語を外国語として学習する人の中で、その運用能力の向上を重視する人も読解力の向上に重点を置く人も英語を正しく理解したいという気持ちには変わりはないのではないだろうか。
　生徒たちの使う英語は決して教科書通りではない。よく書けていて意味もよくわかるのだが、それが英語として適切な表現で書かれているかどうかということになると、私自身の知識ではもちろん辞書や一般の出版物によってもなかなかその答えとなる用例を見つけることができないことが多い。そのようなとき、1つの明確な方向性を示してくれたのはALTたちであった。つい先日にも、ALTが、"much homework"とは決して言わないと証言していたが、それまでの私は生徒たちの前で、絶対にそのようには言わないと100%の自信をもって言えないばかりか、ひょっとするとそのように言うこともあり得るかもしれないとさえ心のどこかで思っていた。"much homework"という用例を載せていた辞書は私の周囲にはなかったのだが、それが誤った使い方であると明言する辞書も私の周囲にはなかったからである。
　確かに1人のALT主観に頼って英語としての適性を判定することには限界があるかもしれない。常に他の人ならどう判断するだろうかという疑問が残るからである。だから、英語教師としては、日常的には、ネイティブ・スピーカーの判断も参考にする（成田義光氏）、という立場をとらなければならない。
　しかし私が最後に頼らねばならなかったのは彼らであった。彼らは、微妙な言葉のニュアンスや表現の差異を証言してくれる。それらには、英語を母国語とする人にしかわからないと思わせるような何かがあることが多い。その意味

では彼らの助言は貴重な情報であり、同時に私の興味を引かずにはおれなかった。また、単語や表現のニュアンスについての彼らの証言は、私自身がそれらを実際に使う際にある種の自信を与えてくれるのである。このような意味で、英語の単語や表現のニュアンスについての、私たちの理解の不十分さを補う―大げさに言えば学校英文法の隙間を埋める―ということにおいて彼らALTの果たす役割は大きいといえる。私は彼らからもっと多くのことを学びたいし、それを生徒たちに効率的に伝えていきたい。成田先生が言われるように、最後は「自分の」辞書にしか頼れないからである。

最後に、私に考える材料をたくさん提供してくれた、奈良県立平城高等学校、奈良県立城内高等学校、奈良県立添上高等学校の生徒たちに重ねて深く感謝の意を表したいと思う。そして、多くの質問に真摯に答えてくださったALTの先生方のお名前と出身国、勤務校と在職期間を以下に列挙させていただくことにより、先生方に対する感謝の意を表したいと思う。

マーチン・ウェザビー	（米国）	奈良県立平城高等学校・1990～1992
ジュリアン・ウェルズレイ	（英国）	奈良県立平城高等学校・1992～1994
アンソニー・ウィリアムズ	（米国）	奈良県立平城高等学校・1994～1997
アリステア・ボーガン	（カナダ）	奈良県立城内高等学校・1995～1998
アレックス・フクマ	（米国）	奈良県立城内高等学校・1998～2001
デボラ・ペザー	（豪州）	奈良県立城内高等学校・2001～2003
ネイサン・ストラスディンズ	（豪州）	奈良県立城内高等学校・2003～2005
セシリア・コンプトン	（米国）	奈良県立城内高等学校・2005～2006
ジニー・コントレラス	（米国）	奈良県立添上高等学校・2004～2006
エイプリル・ネルソン	（米国）	奈良県立添上高等学校・2006～2007
ケント・ボッヘンポエル	（南アフリカ）	奈良県立添上高等学校・2007～

2008年1月

渡辺晶夫

謝　辞

　このたび、この本書の出版にあたり、大学教育出版の皆様に大変お世話になりました。この場をお借りして、心から謝意を申し上げます。編集部の安田愛氏には制作全般にお世話いただきましたことに御礼を申し上げます。代表取締役・佐藤守氏には、本書の趣旨をご理解くださり、快く出版を引き受けてくださったことに心より感謝いたします。

　ここに、同氏による同社設立の趣旨文を私の拙い英訳によって、より広く世界に紹介させていただくことによって同氏への感謝の気持ちを表したく存じます。この文章に込められたメッセージが、21世紀を生き抜いていかなければならない人類の指針となることを願ってやみません。

　そしてこの英訳文にも ALT の思わぬ意見が反映されていることは言うまでもありません。なお日本語の原文は、HP よりお借りいたしました。

　The 20th century brought improvement to mankind's quality of life as a whole as well as a tremendous increase in population. In addition, mass production, mass consumption, and mass disposal occurred at much higher rates than in any past age. However, this material abundance in "advanced countries" has not necessarily led to increased happiness in the individual lives of human beings. It is paradoxical that it has brought not only moral devastation but also destruction of nature, which threats the future existence of human beings in the 21st century. The 20th century was also a century of religious and racial hate and discrimination and above all, wars which resulted in massive murder.

In this century, when capital, commodities and labor are more and more moved internationally by deregulation, IT revolutions and so on, new problems arise, such as greater belief in marketability, the worsening of unstable labor, and standardization of cultures and the widening of regional disparities of income. And transformation of international surroundings like this has promoted mutual dependence among peoples and nations. It also shows that many of these problems are and should be solved internationally.

Human beings still have a long way before reaching substantial solutions to these problems, which is an assignment for humans in the 21st century. Fortunately here in this country there is an achievement acquired in the long struggle for freedom, which as in the Constitution of Japan, is the essence of pacifism. Also, there are cultural and scientific achievements accumulated in the wide range of fields, such as humanism, social and natural science. In the 21st century, it is important for us to focus on these problems, rather than being frustrated by conventionalism, and also cope with difficult problems in the future and overcome them through our achievements.

Representative Director　Mamoru Sato

（Message from the Representative Director of UNIVERSITY EDUCATION PRESS Co., Ltd.; The original is in Japanese; translated by Akio Watanabe.）

2008年1月

添上高校にて著者しるす

■著者略歴

渡辺　晶夫　（わたなべ　あきお）

1965 年奈良県生まれ。天理市在住。
奈良県立奈良高等学校、大阪大学文学部英文学科を卒業。
1989 年より奈良県公立高校において英語教員として勤務。奈良県立平城高等学校、奈良県立城内高等学校を経て、2006 年より奈良県立添上高等学校に勤務。現在に至る。

主な著書
The Nuances of J.S.Mill（1997）；主な論文『正しい英語理解を求めて』（1996）

【表紙・挿し絵説明】

　表紙および挿し絵にある建物のイラストは、旧閑谷学校講堂である。閑谷学校は、現存する世界最古の庶民教育の場としてその名を広く世界に知られている、我が国が世界に誇る文化遺産である。その歴史は古く、旧岡山藩主・池田光政公が和気郡木谷村北端の地、延原を逍遥中に、その山懐に抱かれた美しい自然の中に庶民のために学問の理想郷を築くことを心に誓われたことに始まるという。以来その精神は、特に地元の人々の心に生き続けていて、本書の発行所であり岡山を拠点とされる・株式会社大学教育出版におかれても、その精神的源流としてそれを今日まで受け継がれている。なおイラストは財団法人・特別史跡旧閑谷学校顕彰保存会事務局よりご提供いただいた。（文責：渡辺晶夫）

高校で教えるネイティブたちの英語
―学校で生きた英語を身につけるために―

2008 年 2 月 20 日　初版第 1 刷発行

■著　　者――渡辺晶夫
■発 行 者――佐藤　守
■発 行 所――株式会社 大学教育出版
　　　　　　　〒700-0953　岡山市西市 855-4
　　　　　　　電話（086）244-1268　FAX（086）246-0294
■印刷製本――サンコー印刷㈱
■装　　丁――原　美穂

Ⓒ Akio Watanabe 2008, Printed in Japan
検印省略　　落丁・乱丁本はお取り替えいたします。
無断で本書の一部または全部を複写・複製することは禁じられています。
ISBN978-4-88730-814-5